本书由安徽机电职业技术学院资助出版

XINXIHUA ZHINENGHUA DE
XIAOWEI QIYE CHUANGXIN CHUANGYE YANJIU

信息化智能化的
小微企业创新创业研究

房丽华◎著

安徽师范大学出版社
ANHUI NORMAL UNIVERSITY PRESS
·芜湖·

图书在版编目(CIP)数据

信息化智能化的小微企业创新创业研究 / 房丽华著. — 芜湖：安徽师范大学出版社，2021.12

ISBN 978-7-5676-5496-9

Ⅰ. ①信… Ⅱ. ①房… Ⅲ. ①中小企业 - 企业创新 - 研究 - 中国 Ⅳ. ①F279.243

中国版本图书馆CIP数据核字(2021)第224134号

信息化智能化的小微企业创新创业研究　　房丽华◎著

责任编辑：吴　琼　　责任校对：王　贤
装帧设计：丁奕奕　　责任印制：桑国磊
出版发行：安徽师范大学出版社
　　　　　芜湖市北京东路1号安徽师范大学赭山校区
网　　址：http://www.ahnupress.com/
发 行 部：0553-3883578　5910327　5910310(传真)
印　　刷：江苏凤凰数码印务有限公司
版　　次：2021年12月第1版
印　　次：2021年12月第1次印刷
规　　格：700 mm × 1000 mm　1/16
印　　张：14.5
字　　数：210千字
书　　号：ISBN 978-7-5676-5496-9
定　　价：43.50元

前言

《中国制造2025》明确规划了中国制造业未来十年的工业之路是一条智能化、自动化之路。智能制造装备产业作为高端制造业的一个重点领域，其发展得到了国家和地方层面的大力支持。国家在“十三五”期间推出了相关政策，如发布《支持中小企业应对新冠肺炎疫情政策指引》，启动“数字化转型伙伴行动（2020）”，推动中小企业智能化转型，致力于形成“以国内大循环为主体，国内国际双循环相互促进”的全新发展格局。2016年中共中央办公厅、国务院办公厅联合印发的《国家信息化发展战略纲要》指出，最大程度发挥信息化的驱动作用，实施国家大数据战略，推进“互联网+”行动计划，引导新一代信息技术与经济社会各领域深度融合。“2020年世界电信和信息社会日”大会围绕“连通目标2030：利用ICT（信息通信技术）促进可持续发展目标（SDG）的实现”这一主题展开交流研讨。信息通信技术已成为打赢疫情防控阻击战和支撑复工复产的有力武器。如今，以5G、大数据、人工智能等为代表的新一代信息通信技术正在开辟生产生活的新空间，提供全球发展的新动力。

新冠疫情对中小企业的生存发展产生了重大影响，信息化、智能化转型已是迫在眉睫。小微企业在社会发展中的重要地位也决定了它在现代技术的应用上必须是超前的，至少不能落后。但实际情况令人很不满意，信息化、智能化建设的迟缓严重制约了企业本身的发展，也影响了社会经济的发展。但由于转型投入能力下降、转型动能不可持续，中小企业面对信息化、智能化转型有着“不会转，不能转，不敢转”等问题与挑战。

本书全面阐述了小微企业创新创业策略、智能化信息化技术与小微企业之间的关系等内容。第一章阐述信息化、智能化与数字化技术的特点以及它们之间的关系等，让读者对信息化智能化等技术有一个整体了解。第二章主要阐述小微企业的概念、划分标准、特征、社会地位、优点与发展中的不足。第三章阐述国家对小微企业创新创业的政策倾向，包括对小微企业创新创业扶持政策的背景、国家对发展小微企业的政策倾斜。第四章阐述小微企业创新中存在的问题及对策，主要内容包括创新中存在的问题、企业成长面临的主要风险、促进小微企业健康成长的策略。第五章阐述大数据与小微企业创新创业定位，主要内容包括企业创新出现困境的原因、创新市场定位意义及原则、创新市场定位策略、大数据在小微企业创新定位中的应用。第六章阐述新经济下小微企业创新之道，主要内容包括新经济下小微企业创新特点、创新战略规划、企业生存之道、小微企业与区域经济协同发展。第七章阐述新经济下小微企业创新创业类型与创业模式，主要内容包括小微企业创业类型、生存型和机会型创业创新、互联网时代流行的几种创业方式、大学生创办小微企业的基本模式。第八章阐述国际新格局下小微企业创新创业，主要内容有中国小微企业创业环境、国际新格局下的小微企业转型升级、新格局带来的创业创新机会及如何把握住机会、早期创业最重要的两件事。第九章阐述小微企业创业者品质及创业者精神，主要内容有创业者品质、创业者的人格要求、创业者的能力要求、创业团队的素质要求、创新创业成功的关键要素。第十章阐述小微企业转型升级类型与模式，主要内容包括转型升级的战略背景及意义、转型升级类型与模式。第十一章叙述数个小微企业创业创新案例，并分别加以评述。

本书的特色在于将小微企业的生存发展状况置于信息化、大数据和智能化的背景下进行分析，具有独创性，与当前信息化智能化时代需求高度契合。相关章节里附有企业创新创业案例都是真实、典型的，数据资料丰富翔实。通过梳理其在发展过程中对于知识管理、能力演变、战略竞争以及获得持续竞争优势的方法、路径，归纳总结它们的成长模式，借此分析小微企业在面对不同的创业机会下所采取的行为的差异性，为小微企业管理模式提供新思路，帮助潜在的小微企业创业者迈出创新创业的第一步。

本书的出版，旨在指导现有的小微企业主和即将创新创业的人士充分认识到信息化、智能化在小微企业生存发展中的作用，帮助小微企业适应信息化、智能化时代的需要，引导企业快速融合现代生产技术，为小微企业从业者发展壮大企业以及大学生创业者成功创业提供科学实用的策略，促进企业在现代化生产中发展壮大，为国民经济的发展做出贡献。信息化智能化的小微企业创新创业是一项全新的课题，希望本书的观点和内容能为小微企业信息化智能化建设应用领域的理论研究提供一定参考。

目　录

第一章

企业的信息化与智能化

一、信息化定义

信息化是指培育、发展以智能化工具为代表的新型生产力并使之造福于社会的历史过程。信息化通过现实业务流程在计算机里的固化，实现从部门各岗位联动，到各部门联动，到消费者联动，再到产业上下游联动。

企业信息化指企业以业务流程的优化和重构为基础，在一定的深度和广度上利用计算机技术、网络技术和数据库技术，控制和集成化管理企业生产和经营活动中的各种信息，实现企业内部信息的共享和有效利用。数字化是推进信息化的最好方法，是信息化的进一步升级。

二、信息化与数字化的关系

（一）数字化

数字化基于信息化系统记录的大量的运营数据，对企业的运作逻辑（管理经验）进行数学建模、优化，反过来指导企业日常运行。这实际上就是一个“机器学习”的过程，系统反复学习企业的数据和运营模式，然后变得更专业和更了解企业，并反过来指导企业运营。

（二）数字化与信息化的关系

数字化是信息化的技术基础，智能化是信息化发展的必然趋势。在现代化建设的过程中，必须大力推进信息化建设。在推进信息化的过程中，必须积极采用数字技术、智能技术，大力提高数字化、智能化程度，努力推进信息化向更高层次发展。因此，可以说没有信息化就没有当今的现代化，同样没有数字化、智能化也没有当今时代真正意义的信息化。

1. 从运用的范畴看，信息化主要是单个部门的运用，极少有跨部门的融合与集成化，其使用价值具体反映在工作效率提高上。数字化是指在公司全部工作流程开展数字化的连通，破除部门墙、数据信息墙，完成跨部门的系统互通、数据信息互联，全程连通数据融合。

2. 从数据信息的角度看，过去的信息化也有很多数据信息，但数据信息都分散在不同的系统里，没有连通也并没有真正表现出数据信息的使用价值。数字化是真正把“数据信息”看作一种“资产”。假如一家公司，能够根据“数据资产”尽快盈利或提高公司的工作效率，就可以说完成了真正的数字化。

3. 从联接的角度看，原来的公司信息化系统是搭建于过去互联网没有高度发展的阶段，当时的互联网发展与现阶段对比差别较大。从目前情况看，有些公司的信息系统较大的问题是没有建立有效联接，没有公司各个单元的联接，没有完成公司各个数据信息单元的联接，尤其是没有建立与消费者的联接。没有联接所造成的问题是工作效率低，尤其是公司应对内部外部运作不畅，反应环境变化的能力差。现在数字化发展的条件，一个是互联网企业产生的平台，另一个是移动互联网把消费者联结在一块了，消费者能够在线上与公司实时互动。不仅是公司的生产过程、工作流程要数字化，公司的设备、产品、资源、决策体系都需要数字化。联接对传统公司来讲，肯定会在改变公司工作效率、减少运作成本层面产生重大使用价值，而且在联接的条件下，肯定会重构新的运营模式。

4. 从思维方式上看，过去的企业信息化从搭建之初，所反映的思想便是一种管理思维，那时候所要反映的信息化管理目标便是管理严格。因此，那时候信息化系统设计方案的思路并未过多地考虑用户需求的便利化。这类建立在管理思维条件下设计方案的公司信息系统，缺少有效处理客户工作效率的思想。数字化的核心是要处理客户工作效率和经营工作效率，也就是数字化转型的过程是要高度反映如何有效提高各个系统节点的工作效率。数字化并非将公司过去的信息化推倒重来，而是通过优化信息化系统，提高管理和运营水准。

三、智能化与人工智能

智能化是事物在网络、大数据、物联网和人工智能等技术的支持下，所具有的能动地满足人的各种需求的属性。智能化是仿生学，是技术革命的方向。

人工智能也称智械、机器智能，是由人制造出来的机器所表现出来的智能，通过普通计算机程序来呈现人类智能的技术。人工智能是智能化应用的一种体现形式，是实现智能化的主要途径。人工智能是计算机学科的一个分支，已逐步成为一个独立的分支，无论在理论和实践上都已自成一个系统。智能化使对象具备灵敏准确的感知功能、正确的思维和判断功能、自适应的学习功能，以及行之有效的执行功能。智能化是从人工、自动到自主的过程。

人工智能产业为经济发展提供战略新动能，正在深刻改变人们的生产生活方式。人工智能不仅能创新产品和服务，而且也能在相当程度上改进或优化传统产业的生产流程，重构传统产业的业务模式。当前，人工智能产业化正在加速从娱乐、消费等领域向制造、医疗、能源、交易等更大范围的实体经济进军，这给人工智能产业提供了庞大的市场和丰富的场景。要实现人工智能高质量发展，就要发挥智能在产业升级、产业开发、服务创新等方面的技术优势，推动人工智能与实体经济的深度融合。

传统工业化的技术特征是利用机械化、电气化和自动化，实现大规模生产和批量销售。在当前复杂的国际竞争中，为提升中国制造业在全球产业价值链中的地位，解决制造业大而不强的问题，必须从传统生产方式向智能化生产方式转变。

智能制造已经成为全球制造业的发展趋势，对产业发展和分工格局产生深刻影响。推进智能制造，能够有效缩短产品研制周期，提高生产效率和产品质量，降低运营成本和资源能源消耗。加快发展智能制造，对于提高制造业供给结构的适应性和灵活性、培育经济增长新动能都具有十分重要的意义。

《智能制造发展规划（2016—2020年）》提出，2025年之前，国家推进智能制造实施“两步走”战略：第一步，到2020年，智能制造发展基础和支撑能力明显增强，传统制造业重点领域基本实现数字化制造，有条件、有基础的重点产业智能转型取得明显进展；第二步，到2025年，智能制造支撑体系基本建立，重点产业初步实现智能转型。

智能化是信息化、数字化、数据化的最终目标，也是发展的必然趋势。

四、大数据与数字化

数据代表着对某一个事物的描述，通过记录、分析、重组数据，实现对业务的指导。数据化最直观的表现就是企业各式各样的报表和报告，它将数字化的信息条理化，通过智能分析、多维分析，为企业决策提供数据支撑。

大数据的战略意义绝不取决于掌控巨大的数据信息，越来越关键的是对于数据展开专业化处理，把源自各专业的各类型数据进行提炼、划分，建立模型并且展开分析，深度挖掘数据的潜在信息与贡献价值。

数字经济的一个基本特征是数字技术的创新可以提高企业遏制模仿的能力，并且具有极强的规模效应，即多生产一个单位的产品或多服务一个客户的边际成本往往为零或接近零，最终形成“赢者通吃”的局面，让企业长期处于竞争优势地位。

数字化转型，是以数字化技术为基础，数据运维为核心，推动业务模式、运营流程、管理体系等方面数字化的战略举措。企业数字化有几大板块，智能化生产、个性化定制、网络化协同、服务化延伸，不同类型的企业单位对各板块数字化的需求不同，整体流程下来包涵数字化战略、数字化体系、数字化项目开发以及数字化平台运营。通过数字化转型驱动管理提升，利用新技术和商业模式进行创新，使数字化转型从局部规划和设计向全局规划和顶层设计转变。数字化转型是通过数字技术的深入应用，构建一个全感知、全链接、全场景、全智能的数字世界，进而优化再造物理世界的业务，对传统的管理模式、业务模式、商业模式进行创新和重塑。数字化转型的本质是业务转型，是信息技术驱动下的一场业务、管理和商业模式的深度变革重构，技术是支点，业务是内核。

五、信息化、智能化技术在我国社会中的地位

党的十九届五中全会提出“加快数字化发展”，建设“数字中国”的要求，目的正是要充分发挥信息化对经济社会发展的引领作用。习近平总书记在二十国集团领导人第十五次峰会上又进一步强调，要主动应变、化危为机，深化结构性改革，以科技创新和数字化变革催生新的发展动能。

充分发挥信息化对经济社会发展的引领作用，必须加快推动数字产业化，释放数字对经济发展的放大、叠加、倍增作用。经过多年的努力，我国以企业为主体的技术创新体系正逐步完善，企业在创新资源配置中的主导地位日益凸显。面对新的发展形势，新一代信息技术加速与经济社会各领域的深度融合，对企业的边界、内部组织、竞争优势等产生了深刻影响，也将推动创新模式发生重大变革。因此，需要进一步加快企业智能化、数字化转型，促进创新要素向企业集聚，强化企业创新主体地位，从而支撑创新型国家建设。要抓聚集，突出产业数字化、数字产

业化双向发力，一手抓新兴产业发展壮大，一手抓传统产业转型升级。

数字技术与创新融合打破了创新各环节的界限，增进不同创新要素、创新主体之间的信息流动，降低要素供需双方之间的信息不对称，促进时间和空间上的重叠，从而提高要素的流动速度和配置效率。比如，我国新冠肺炎疫苗研发周期远短于传统药品研发周期，跑出“中国速度”，这一方面与我国“举一国之力办大事”的体制密不可分，同时也得益于数字技术在研发创新、数据收集、远程协同等方面对研发流程的重构，从而在技术层面为大幅提高研发效率提供了支撑。

数字化平台推动了创新要素配置方式变革。数字化浪潮中一个明显的趋势是平台的大量涌现，且已从消费领域延伸到生产及研发等各领域。《中国数字经济发展白皮书（2020年）》显示，2019年我国以提供生产服务、生活服务、科技创新等为主的平台服务企业实现业务收入3193亿元，同比增长24.9%，远快于其他领域。数字化工作平台已成为21世纪最主要的组织形式。

数字化平台为创新要素提供了信息与资源有效共享的机会，也为创新提供了新的可能性。比如，工业互联网平台通过大量汇集产业链上下游资源及信息，推动构建以需求为引领的高效协同创新机制，形成开放、灵活、快速以及贴近用户的创新发展模式。

2020年3月30日，中共中央、国务院发布的《关于构建更加完善的要素市场化配置体制机制的意见》，明确将数据与土地、劳动力、资本、技术等传统要素并列，并要求加快培育数据要素市场。《中共中央关于制定国民经济和社会发展第十四个五年规划和二〇三五年远景目标的建议》又进一步提出，要建立数据资源产权、交易流通、跨境传输和安全保护等基础制度和标准规范，推动数据资源开发利用。这表明企业创新发展面临的要素构成发生了重大变化，数据驱动型创新模式正在形成。

六、信息化、智能化技术应用潜力

在创新要素加速流动的信息化时代，企业要获取持续的竞争优势，深入开展信息化转型，打造敏捷、快速决策、高绩效的组织方式就显得尤为必要。目前，全球主要经济体已将企业信息化转型作为破解经济持续增长乏力的有效手段。

企业信息化转型是一项综合性战略任务，需要各个环节的协调配合、系统推进。然而，通过分析当前企业信息化转型的内容发现，大部分企业主要将信息化技术应用于提高生产力、提升质量管理能力、降低生产运营成本、满足定制化需求以及保障安全生产等方面，虽然一定程度上也带动研发活动的信息化转型，但往往是被动式的适应，而非以研发为导向的主动式调整。

据工信部两化融合服务平台统计，目前我国制造业信息、数字化研发设计工具普及率已达到73%，但开展网络化协同、服务型制造和个性化定制的企业比例仅分别为37.9%、27.9%和9.8%。由此可见，我国制造业企业研发设计信息化仅是作为工具的低端信息化，而不是与生产经营活动协同合作的高水平数字化，进而导致大部分企业数字化承接的仍是传统生产要素，难以有效应对创新要素加速流动这一局面。

第二章
小微企业的概念及其特征

第一节　小微企业的界定

一、小微企业的划分标准

各国由于所处经济发展阶段、社会经济环境的不同，截至目前，世界各国对小微企业概念的界定均是从自身的实际情况出发，并没有一个统一的国际标准。即便同一国家，在不同时期、不同的行业和不同的区域内，界定标准也不尽相同。国际上一般通过定性或定量的标准来界定小微企业。

所谓“定性”，通常指的是从质的方面进行分析，它要回答“是什么”“属于什么”的问题，是为了确定研究对象是否具有某种性质或确定引起某一现象的变化原因、变化过程。“定量”主要是通过对社会事实的测量，通过实验验证、数学统计、各种运算以及统计分析来揭示研究对象的数量关系，掌握研究对象的数量特征和数量变化，从量的关系上发现真理，寻找规律，探究事物的内在本质，以达到把握事物量的规律性的目的。

小微企业是一个不断发展的概念，从目前国际上的主流做法来看，一般都是以雇员人数、营业额、资产总额、资本总额中的一项或几项指标来确认。按照规模，企业可以分为大、中、小、微四种类型，其中数量最为庞大的就是小型和微型企业。

（一）小微企业的国际划分标准

日本早在1940年就对微型企业做出了明确界定，人数少于100人的为微型企业。1946年，日本政府为了挽救濒临崩溃的国家经济，同时进一步扩大中小企业的扶持范围，相应地将小微企业职工人数标准上限提高到200人。1950年，开始采用职工人数和资本总额作为划分标准，将职工人数上限提高到300人。1963年和1999又进行了两次划分标准更新，将不同行业的资本金标准提高到与国民经济相适应的额度，职工人数标准基本没有变化。日本对中小企业划分标准的修订总共有五次，每次都是为了服从国民经济的需要，尽可能地提高划分标准上限，避免因中小企业划分标准界定过窄，导致政府扶持中小企业发展政策实施的僵化。

美国1953年通过《小企业法案》，认为小企业的标准是定性准则，凡独立拥有和经营，且在所属行业中不处于主导地位的企业均可认定为小企业。随后美国小企业管理局修改了该指标，采用定量指标加以代替，规定凡企业资产总额在1000万美元以下的认可为小企业。随着小企业的发展，小企业管理局又将企业雇员人数作为划分小企业的一个指标，并且用较易获取的销售额指标替代原有的资产总额指标，即雇员人数在500人以下或销售额在500万美元以下的企业均可认定为小企业，享受政府扶持政策。2000年通过《微型企业自力更生法》，正式规定了微型企业的范围，由贫困家庭拥有并经营的员工，不超过10人的企业为微型企业。

欧盟最早是在1996年将雇员少于250人的企业归为中小企业，并且提出中小企业应由中型、小型以及微型三类构成。2003年提出“微型”企业的概念，认定依据是雇员人数指标，但仍没有对“微型企业”范围作明确界定。

随着互联网的普及发展，发达国家已经非常关注小微企业，将其定名为“Micro Business”，大多数国家也都是采用规模标准进行划分的，因为小微企业的原始划分主要基于规模的差异。只有少数国家和地区，采用综合规模标准与地位标准对企业进行划分，如美国、加拿大、欧盟等国家和地区。在美国，只有大企业和小企业之称，通常说的小企业（Small Business）即指的是中小企业。欧盟将企业细分为大型、中型、小型和微型四种。

日本、美国和欧盟等国家和地区对微型企业的认定是动态的，立足于自身情况，制定的标准均用来认定哪些企业可以享受政府的优惠政策（见表1-1）。

表1-1　世界部分国家或组织对小微企业的划分标准

国家或组织	雇员数量	资产总额	营业收入
世界银行	≤50人	≤300万美元	≤300万美元
欧　盟	≤49人	≤1000万美元	25%以上股权或控制权
英　国	≤49人	≤1000万欧元	≤1000万欧元
德　国	≤300人	≤150万美元	≤200万美元
印　度	≤500人	≤1000万卢比	≤1000万卢比
菲律宾	≤100人	≤1500万比索	≤1500万比索
泰　国	≤50人	≤1000万泰铢	≤1000万泰铢
印度尼西亚	≤100人	≤40000印尼盾	≤10000印尼盾

（二）小微企业的国内划分标准

在我国，“微型企业”一词最早出现于1999年。1988年颁布的《大中小型工业企业划分标准》，统一把资产总额和销售收入作为划分指标，两个指标都是在5000万元以下的称作小型企业，当时有学者认为应该把雇员7人以下的注册企业定为微型企业。后来，在企业界，习惯于界定小微企业的标准是企业职工人数、销售额、资产总额等指标，并结合行业特点。在2011年6月之前，我国政府还没有文件对小微企业形成一致的界定标准，大多数学者把对小微企业的研究归于“中小企业”的范畴之内，单独对“小微企业”的研究较少。

为贯彻落实《中华人民共和国中小企业促进法》和《国务院关于进一步促进中小企业发展的若干意见》（国发〔2009〕36号）的要求，2011

年6月，工业和信息化部、国家统计局、发展改革委、财政部在原国家经贸委、原国家计委、财政部和国家统计局2003年颁布的《中小企业标准暂行规定》的基础上，根据企业发展和管理形势的需要，重新研究并制定了《中小企业划型标准规定》，将中小企业划分为中型、小型、微型三种类型，结合行业特点制定具体认定标准——企业从业人员的数量、营业收入、资产总额等指标以及本企业所在的行业特点，首次将微型企业从中小企业中分离出来（表1-2）。

表1-2　我国中小企业划型标准[①]

行业名称	指标名称	计量单位	中　型	小　型	微　型
农林牧渔业	营业收入(Y)	万元	$500 \leqslant Y<20000$	$0 \leqslant Y<500$	$Y<50$
工　业	从业人员(X)	人	$300 \leqslant X<1000$	$20 \leqslant X<300$	$X<20$
	营业收入(Y)	万元	$2000 \leqslant Y<4000$	$300 \leqslant Y<2000$	$Y<300$
建筑业	营业收入(Y)	万元	$6000 \leqslant Y<80000$	$300 \leqslant Y<6000$	$Y<300$
	资产总额(Z)	万元	$5000 \leqslant Z<80000$	$300 \leqslant Z<5000$	$Z<300$
批发业	从业人员(X)	人	$20 \leqslant X<200$	$5 \leqslant X<20$	$X<5$
	营业收入(Y)	万元	$5000 \leqslant Y<40000$	$1000 \leqslant Y<5000$	$Y<1000$
零售业	从业人员(X)	人	$50 \leqslant X<300$	$10 \leqslant X<50$	$X<10$
	营业收入(Y)	万元	$500 \leqslant Y<20000$	$100 \leqslant Y<500$	$Y<100$
交通运输业	从业人员(X)	人	$300 \leqslant X<1000$	$20 \leqslant X<300$	$X<20$
	营业收入(Y)	万元	$3000 \leqslant Y<30000$	$200 \leqslant Y<3000$	$Y<200$
仓储业	从业人员(X)	人	$100 \leqslant X<200$	$20 \leqslant X<100$	$X<20$
	营业收入(Y)	万元	$1000 \leqslant Y<30000$	$100 \leqslant Y<1000$	$Y<100$
邮政业	从业人员(X)	人	$300 \leqslant X<1000$	$20 \leqslant X<300$	$X<20$

① 表中小微企业法人单位合计数含从事农、林、牧、渔服务业和兼营第二、三产业活动的农、林、牧、渔业小微企业法人单位4.8万个，从业人员72.1万人，资产总计0.3万亿元。

续 表

行业名称	指标名称	计量单位	中 型	小 型	微 型
邮政业	营业收入（Y）	万元	$2000 \leqslant Y < 30000$	$100 \leqslant Y < 2000$	$Y < 100$
住宿业	从业人员（X）	人	$100 \leqslant X < 300$	$10 \leqslant X < 100$	$X < 10$
	营业收入（Y）	万元	$2000 \leqslant Y < 10000$	$100 \leqslant Y < 2000$	$Y < 100$
餐饮业	从业人员（X）	人	$100 \leqslant X < 300$	$10 \leqslant X < 100$	$X < 10$
	营业收入（Y）	万元	$2000 \leqslant Y < 10000$	$100 \leqslant Y < 2000$	$Y < 100$
信息传输业	从业人员（X）	人	$100 \leqslant X < 2000$	$10 \leqslant X < 100$	$X < 10$
	营业收入（Y）	万元	$1000 \leqslant Y < 100000$	$100 \leqslant Y < 1000$	$Y < 100$
软件和信息技术服务业	从业人员（X）	人	$100 \leqslant X < 300$	$10 \leqslant X < 100$	$X < 10$
	营业收入（Y）	万元	$1000 \leqslant Y < 10000$	$50 \leqslant Y < 1000$	$Y < 50$
房地产开发经营	营业收入（Y）	万元	$1000 \leqslant Y < 200000$	$100 \leqslant Y < 1000$	$Y < 100$
	资产总额（Z）	万元	$5000 \leqslant Z < 10000$	$2000 \leqslant Z < 5000$	$Z < 2000$
物业管理	从业人员（X）	人	$300 \leqslant X < 1000$	$100 \leqslant X < 300$	$X < 100$
	营业收入（Y）	万元	$1000 \leqslant Y < 5000$	$500 \leqslant Y < 1000$	$Y < 500$
租赁和商务服务业	从业人员（X）	人	$100 \leqslant X < 300$	$10 \leqslant X < 100$	$X < 10$
	资产总额（Z）	万元	$8000 \leqslant Z < 120000$	$100 \leqslant Z < 8000$	$Z < 100$
其他未列明行业	从业人员（X）	人	$100 \leqslant X < 300$	$10 \leqslant X < 100$	$X < 10$

二、对小微企业概念的思考

（一）从业人数指标偏高

这次国家层面上的划分，对各个行业都强调了从业人数的指标要求，其中工业、仓储业和邮政企业的从业人数指标要求在20人以下，明显高于国际指标。其他行业从业人数指标（批发业的微小企业除外）要求在10人以下，同样高于国际标准。国际上大多数国家的微型企业人数指标在5至7人，我国是10至20人，甚至有个别行业的人数指标定为100人以下。

（二）缺乏对小微企业性质的要求

新的划型标准规定中没有对小微企业性质的明确界定，仅有从业人数和营业收入或资产总额指标。小微企业是小型企业、微型企业、家庭作坊式企业、个体工商户的统称，是劳动力、劳动手段或劳动对象在企业中集中程度较低，或者生产和交易数量规模较小、产权与经营权高度统一的、规模细小的经济组织，具备一定实力，总体规模较小，业务范围集中。

第二节　小微企业的特征

一、小微企业的普遍特征

（一）经济性

小微企业作为一种社会组织，不同于行政、军事、政党、社团等行政性组织和教育、科研、文艺、体育、医卫、慈善等事业性组织，它本质上是经济组织，以经济活动为中心，实行全面独立的经济核算，追求并致力于不断提高经济效益。它也不同于政府和国际组织对宏观经济活动进行调控监管的机构，是直接从事经济活动的实体，和消费者同属于微观经济单位。

（二）营利性

小微企业以城乡个体户为典型的小商品经济组织，是发达商品经济即市场经济的基本单位，是单个的职能资本的运作实体，是以赢取利润为直接、基本的目的，利用生产、经营某种商品的手段，通过资本经营，追求资本增值和利润最大化。

（三）产权明确性

小微企业是一种在法律和经济上都具有独立性的组织。作为一个整体，它在社会上完全独立，依法独立享有民事权利，独立承担民事义务、民事责任。它与其他自然人、法人在法律地位上完全平等，没有行政级别、行政隶属关系。它不同于民事法律上不独立的非法人单位，也不同于经济（财产、财务）上不能完全独立的其他社会组织。它拥有独立的、边界清晰的产权，具有完全的经济行为能力和独立的经济利益，能够自决、自治、自律、自立，实行自我约束、自我激励、自我改造、自我积累、自我发展。

产权明确性是我国小微企业与生俱来的特点，经营决策权高度集中于小微企业主或经营者手中。它朝什么方向发展，怎么发展，其经营者的个人偏好和素质包括冒险意识、管理知识、经营能力等有决定性的作用。

（四）组织完备性

小微企业不同于个人、家庭，它是一种有名称、组织机构、规章制度的正式组织。它不同于靠血缘、亲缘、地缘或神缘组成的家族宗法组织、同乡组织或宗教组织，它是由企业所有者和员工主要通过契约关系自由地（至少在形式上）组合而成的一种开放的社会组织。

（五）商品性

小微企业作为经济组织，又不同于自给自足的自然经济组织，而是商品经济组织，其经济活动是面向市场。不仅小微企业的产出（产品、服务）和投入（资源、要素）是商品——企业是“以商品生产商品”，而且自身（企业的有形、无形资产）也是商品，小微企业产权可以有偿转让。

（六）投资主体和所有制结构多元化

小微企业涵盖城乡各类企业所有制形式，但国有、集体、外资、民营等不同所有制性质的企业中，小微企业比例各不相同，这反映了我国国有、集体、外资、民营等不同所有制性质的企业类型的规模、资产及营业情况。外资企业中，小微企业的比重最低，外资企业规模相对较大，据调查，仅一半左右的企业符合小微企业标准。国有、集体企业主要存在于关系国家经济命脉的主导行业，投资规模较大，小微企业占比很小。

（七）民营小微企业是主体

第三次经济普查数据显示，到2013年末，全国共有第二产业和第三产业的小微企业法人单位785万个，占全部企业法人单位95.6%。其中，位居前三位的行业是：工业234.2万个，占全部企业法人单位28.5%；批发业169.8万个，占20.7%；零售业103.1万个，占12.6%。

小微企业从业人员14730.4万人，占全部企业法人单位从业人员50.4%。其中，位居前三位的行业是：工业7403.6万人，占全部企业法人单位从业人员25.4%；建筑业1675.4万人，占5.7%；批发业1457.8万人，占5%。

小微企业法人单位资产总计138.4万亿元，占全部企业法人单位资产总计29.6%。其中，位居前三位的行业是：工业40.8万亿元，占全部企业法人单位资产总计8.7%；租赁和商务服务业36.8万亿元，占7.9%；房地产开发经营18.7万亿元，占4%（详见表1-3）。

表1-3 按行业分组的部分小微企业法人单位、从业人员和资产总计

行　业	企业法人单位（万个）	从业人员（万人）	资产总计（万亿元）
工　业	234.2	7403.6	40.8
建筑业	32.2	1675.4	5.0
交通运输业	21.1	462.8	5.2
仓储业	2.4	42.4	1.1
信息传输业	3.4	22.8	0.0
软件和信息技术服务业	17.9	40.5	1.4
批发业	169.8	1457.8	1.6
零售业	103.1	766.2	3.2
住宿业	6.8	168.2	0.6
餐饮业	12.1	256.8	0.4
房地产开发经营	9.6	182.1	18.7
物业管理	10.2	277.9	1.2
租赁和商务服务业	78.4	945.3	36.8
其他未列明行业	77.7	782.1	9.3

国家统计局发布的第四次全国经济普查系列报告显示，到2017年末，我国中小微企业法人单位约2800万家，占全部规模企业法人单位的99.8%。若计入个体工商户、家庭式作坊，全国小微企业数量达到9379.4万户，占全国各类工商市场主体的95.6%。2018年末，我国中小微企业吸纳就业人员23000万人，占全部企业就业人员的79.4%，拥有资产总计达到402.6万亿元，占全部企业资产总计的77.1%。小微企业特别是私营

小微企业的蓬勃发展，说明我国市场经济体系日益完善，民营经济生存成长环境得到有效改善。

二、小微企业发展态势

（一）小微企业数量逐年增加，规模不断扩大

2010年我国中小企业数量超800万家，占企业总数超90%。截至2013年年底，全国小微企业1169.87万户，占到企业总数的76.57%。将4436.29万户个体工商户纳入统计后，小微企业所占比重达到94.15%。2019年，全国新增小微企业数量近1500万家。2017年至2019年，每年小微企业新增注册数量都超过1000万家。

（二）企业的贡献比渐趋提高

目前，小微企业为社会提供了一半以上的城镇就业岗位，涵盖国民经济80%的行业大类。从工业企业数量来看，中小型工业企业单位数占全部规模以上工业企业数量的98%以上，中小型工业企业总产值占全部规模以上工业企业总产值的64%以上，中小型工业企业销售收入占全部规模以上工业企业销售收入的63%以上，中小型工业企业利润占全部规模以上工业企业利润的60%以上，中小型工业企业吸纳的从业人员占全部规模以上工业企业从业人员的70%以上。中国民营与小微型企业创造最终产品和服务产值占GDP的60%，纳税额接近国家税收总额的50%。

（三）劳动密度高，两极分化明显，产业结构性矛盾突出

小微企业一方面敢于创新，各类新兴行业和新型业态不断涌现，另一方面又大多集中于以资源开发型、产品初加工型、服务低层次型为主的传统行业，呈现出“锄头与卫星齐飞，高端与低端并存”的现象。

小微企业低价格、低技术、低收益、低附加值的传统发展路径，直接制约了其投入产出效益水平。产业层次普遍不高导致转型升级意愿不高、难度较大。此类行业显著特点是技术要求低，竞争充分，市场趋于饱和，利润微薄，从行业本身发展前景分析，相关企业不具备迅速扩张的条件。部分企业由于经营压力，转型升级的愿望较强，但在资本、技术、人才、管理等转型升级的关键因素方面积累不足，相当数量的小微企业转型升级较为困难，小微企业的发展后劲和活力不足。

（四）企业利润空间逐渐缩小

小微企业主要过度依赖资源，缺乏核心技术支撑，直接导致利润下降。2020年国家统计局发布的数据显示，6月份官方制造业PMI[①]50.9%，预期50.4%，前值50.6%。在需求方面，小型企业新订单PMI环比下降3.2个百分点至47.8%，再度跌落至荣枯线之下，说明小型企业需求有限较为普遍。

（五）地区发展不平衡

第一，企业区域分布不均衡。从小微企业的地域分布看，东部11个省市小微企业占全国小微企业的比重超60 %，中部8个省小微企业占比20%左右，西部12个省区市比重最少。产业分布也表现出地域性差异，如东部地区集中了2/3的小微工业企业。据工商总局数据显示，目前国内西部10个省份小微型企业数量超160万家，占全国企业实有总数的16.16%，中部地区的9个省市小微企业数量超600万家，占全国企业总数61.6%，这些约1000万家小微企业主要集中在长三角地区、珠三角地区。

企业产业集群的地区分布不均匀。这一特点既表现在国内不同地区之间，特别是沿海与内地之间，也表现在不同省份之间，甚至还表现在

① PMI：指采购经理指数，是通过对采购经理的月度调查汇总出来的指数，能够反映经济的变化趋势。

城乡之间。总体来看，小微企业产业集群程度与区域经济发展水平呈正相关性，市场经济发达、市场机制健全的地方，产业集群更加容易出现，而经济欠发达地区的小微企业则比较分散，“散兵游勇单兵作战”较多。

企业行业相对集中。从小微企业的行业分布看，工业（包括采矿业、制造业、电力热力燃气及水生产和供应业）小微企业占各类小微企业的18.49%，批发业和零售业小微企业占各类小微企业的36.44%，租赁和商务服务业占各类小微企业的9.93%。这几大行业中的小微企业占小微企业总数近2/3。科技型小微企业（指信息传输业、软件和信息技术服务业小微企业）占各类小微企业的比重为4.62%。

区域间分布不平衡呈缩小趋势。从近两年发展情况看，东部发达省市企业户数增长速度有所回落，西部地区企业实有户数发展速度相对较快，小微企业发展贡献了增量部分的3/4以上。中西部一些地区也出现了产业集群化的趋势，或者说具有产业集群的雏形和发展潜力。

第三节　小微企业的社会地位

一、对创新创业的作用

第四次工业革命背景下，广大中小企业面临着前所未有的机遇和挑战。随着“双创”浪潮的兴起，中小微企业的创新能力对我国经济增长与社会发展有着不同寻常的意义。

小微企业是科技创新的重要力量，是企业家创业成长的重要平台。它已成长为市场经济最活跃的主体，成为国民经济的重要支柱，也是推进区域经济协同发展的强大动力。

小微企业专注于某一细分领域，贴近用户，活跃在市场竞争最激烈的领域，通过专业化生产提升产品质量和生产效率，更好地激发市场活力和社会创造力。在改革过程中，小微企业充满进取精神和创新意愿，往往充当试验区、突破口的角色，为大企业的改革实践提供有益经验，在推动地方经济增长、增加地方税收、活跃市场经济方面发挥了越来越大的作用。

科技型小微企业是我国创新体系中最具潜力，最有活力的组成部分。这类企业以科技人员为主体，由科技人员创办，主要从事高新技术产品的科学研究、制造、销售，以科技成果商品化以及技术开发、技术服务、技术咨询和高新产品为主要内容，以创新为使命和生存手段，属于知识密集型经济实体。促进科技型小微企业的发展有利于培育和发展新业态、新模式、新技术，加快新旧动能转换。

二、对中国当前经济发展的作用

小微企业是提供新增就业岗位的主要渠道，是经济发展的生力军。国有企业和一些大型企业是中国经济的骨架，草根企业、小微企业是中国经济的血和肉，它们承担着改善民生、促进稳定的重任。小微企业真正体现出“大众创业，万众创新”的内涵。

（一）产生经济效益巨大

小微企业整体发展质量和效益稳步提高，对经济发展的支撑作用进一步巩固，单位产值能耗逐年下降，高技术产品增加值占比显著提高，结构进一步优化。

《2017—2022年中国企业经营项目行业市场深度调研及投资战略研究分析报告》显示,目前我国中小企业有4000万家,占企业总数的99%。他们贡献了中国60%的GDP、50%的税收和80%的城镇就业。

在经济学领域中，促进经济增长、激励市场竞争最有效的手段是完全竞争市场。完全竞争市场的显著特点是有大量的小规模的市场主体。每年呈递增趋势增加的小微企业参与市场竞争，提高了市场竞争的效率，促进了经济的增长，从1979年到2011年，我国国内生产总值一直保持在平均9.8%的增长速度，而以中小企业为主的非国有经济增长速度就达到了30%以上。由中小企业创造的最终产品和服务价值在国内生产总值中占到了60%左右，缴纳的税收约占国家税收总额的53%，在社会销售额中由中小企业生产的商品占到了58.9%，商品进出口额由中小企业创造的约占68%左右。在40个工业行业中，中小企业在其中的27个行业中比例已经超过50%，部分行业甚至已经超过了70%。

2020年11月27日，安徽省政府新闻发布会公布的数据显示，该省民营企业已成为安徽省经济高质量发展主力军。2019年，安徽省民营经济实现税收2987.9亿元，占全省税收比重的68.8%。截至2019年底，安徽省高新技术企业中93.7%是民营企业，发明专利授权量的60.5%由民营企业创造。

（二）强力推动实体经济发展

小微企业主要集中在实体经济领域，如农业、制造业、服务业和高新技术产业领域，其发展状况充分反映实体经济的健康状况，是实体经济的晴雨表。我国实体经济的稳固有赖于小微企业的健康成长。一国实体经济的强大，不仅要有相对较为发达的大中型企业，而且也要有相对自由且充分发展的小微企业。从发达国家的发展历程来看，普遍而发达的小微企业是支撑一个国家持续增长的基础力量。在我国，小微企业迅猛发展，越来越成为实体经济的坚实基础。另外，作为创业成长重要平台的小微企业，涌现出了一大批优秀企业家，他们逐渐成为实体经济的重要人才支撑。

（三）大力促进就业

《全国小型微型企业发展报告》指出：小微企业成为社会就业的主要承担者，解决了我国1.5亿人口的就业，新增就业和再就业的70%集中在小微企业。在工业化和城镇化进程中，很大程度上是因为充分发挥了小微企业尤其是劳动密集型小微企业的独特优势。小微企业在促进就业方面有着突出的贡献，是新增就业岗位的主要吸纳器。支持小微企业发展就意味着创造社会就业岗位，意味着使小微企业在解决民生问题、推进经济增长方面发挥更大的作用。

国家统计局发布《2019年统计公报》显示，2019年全国城镇调查失业率5.2%，全年城镇新增就业1352万个，比2018年减少9万个，就业形势依然严峻。所以，国家从各个方面化解就业压力。数量众多的小微企业是解决就业的主要渠道。从资产净值人均占有份额上来看，同样的资金投入，小微型企业可吸纳就业人员平均比大中型企业多4倍至5倍。小微型企业单位投资的劳动力（就业容量）和单位产值使用劳动力（就业弹性）都明显高于大中型企业，也就是说，相同资本投入，小微型企业的就业岗位单位产出最高。

我国小微企业发展具有就业的承载性。小微企业对于国民经济发展的一个重大作用就是有着极强的促进就业功能，尤其是吸收新增就业人口。首先，大企业因为规模边际效用的影响，在其发展到一定规模后就很难再吸收大量就业人口，而小微企业创办速度快，发展迅速，比大中型企业具有更强劲的就业吸纳能力。其次，小微企业多为劳动密集型和低技术能力的服务业和轻工业，这类企业劳动力需求旺盛，使得小微企业成为就业的主承担者。

（四）促进企业经营机制变革

推进小微企业创新创业是通过结构性改革、体制机制创新，消除不利于创新创业发展的各种制度束缚，支持各类市场主体不断开办新企业，开发新产品，开拓新市场，培育新兴产业，实现创新驱动发展，打造新引擎，形成新动力。

发展小微企业是我国经营机制变革的体现。我国经营机制变革的重中之重就是国有企业经营机制的转换，把企业推向市场，使企业适应市场的需求，成为市场竞争中盈亏自负的商品生产者与参与者。在经营机制变革的过程中，我国小微企业的蓬勃发展，说明了经营机制改革已初见成效，国企垄断各项资源，包括原料、市场、资金等的局面已经被打破，小微企业能够在一个相对公平的市场环境中发展壮大。

我国经济能否实现可持续发展与小微企业的发展好坏相关。小微企业规模小，转型快，经营方式灵活多样，在国民经济中较大中型企业更有活力，对国民经济的发展更具造血功能，拥有重要的地位和作用。一个实体经济强大且有活力的国家必定是多种经济成分共存，大企业和小企业兼而有之。国家实体经济的发展，不仅需要大企业“冲锋陷阵”，还需要小企业“身先士卒”，只有这样市场经济才能活跃，企业才能进步，社会才能大发展。

三、对中国未来经济的影响

（一）助力乡村振兴

实施乡村振兴战略，是新时代做好“三农”工作的总抓手。“三农”的突出问题是农民收入低，农村经济难以上一个台阶，甚至致使整个国民经济无法长期健康持续发展。乡村振兴首先要解决的是农民的“钱袋子”问题，也就是要让农民富裕起来。要解决这个问题必须实现乡村产业振兴，因为只有产业振兴才能带来农民收入的提高，增强农民消费能力。

以小微企业为主体的乡镇企业是农民增加收入的主渠道，同时可以解决农村富余劳动力的转移问题。目前中国70%的城镇居民和80%以上的农民工都在小微企业就业。乡镇小微企业产业园区是乡镇经济发展的载体，是乡村振兴的推动器。政府要大力支持，高起点布局，引导各乡镇结合各自产业特色因地制宜，按需发展。

一家农副产品深加工的小微企业，可以解决几十户、几百户农户的农副产品的出路，让农户的传统特色产品走向市场，还可以解决十几人的就业。规模种植形成的农业景观，还可引来成千上万的游客，带动乡村旅游的发展，从而给农村发展休闲观光业带来商机和财富，形成三产融合发展的效果。

在新一轮乡村建设中，小微企业大有可为，涉及的建设项目多种多样，各类人才可以充分施展才能，“一乡一品”，“一村一业”。小微企业投资建设项目时，不能盲目投资，也不要冒进求快求大，要根据自己的优势和特点量力而行，稳步发展。

（二）创造就业机会

中国就业形势依然严峻，疫情加大了保民生的压力，对就业带来的冲击比较明显。2020年第一季度，城镇新增就业只相当于往年同期的约70%，明显差了30个百分点。城镇调查失业率指标显示，一直到2019年底，失业率总体在5%左右，2020年1月份是5.3%。失业率不是一个数字，代表的是实实在在的人。从个体层面上，最容易遭遇失业的人与最承受不起失业的人，两者之间具有很大的重合度。因此，这个人群也是保基本民生的重点。恢复就业、降低失业率，一个重要的举措就是扶持小微型市场主体，包括中小微企业和个体工商户。每年国家统计局和政府工作报告当中都会提到“城镇新增就业数”，其实新增就业是流量概念，指的是不断创造出来的就业岗位或机会，不是净增加。随时创造出来的新就业机会并不一定能保持住，但不断创造就可以增加就业。因此，新增城镇就业其实对应着不断产生的新市场主体及其新创造的就业岗位。根据官方统计，从新的市场主体来看，我国每天新增企业1万多户，新增企业可能不包括个体工商户。中央“六保”讲“保市场主体”，李克强总理说“留得青山，赢得未来”指的也是各种市场主体，包括中小微企业和个体工商户。

（三）推动区域经济发展

第四次全国经济普查数据显示，小微企业总量规模不断扩大，产业分布更趋合理，在国民经济和社会发展中的作用日益显著。小微企业具有很强的吸纳就业能力，已经成为吸纳社会就业主体。2018年末，中小微企业吸纳就业人员23300.4万人，比2013年末增长5.5%，占全部企业就业人员的79.4%，比2013年末提高了0.1个百分点；拥有资产总计达到402.6万亿元，占全部企业资产总计的77.1%；全年营业收入达到188.2万亿元，占全部企业全年营业收入的68.2%。其中，中小微私营企业有1526.5万家，比2013年末增长166.9%，占全部企业的84.4%，比2013年末提高了16.5个百分点。

从区域分布看，中西部地区发展提速明显，东部地区则依然具有优势。2018年末，中部地区中小微企业384.8万家，比2013年末增长129.9 %，占全部中小微企业的21.3%，比2013年末提高了1.4个百分点。西部地区中小微企业307.2万家，比2013年末增长131%，占全部中小微企业的17%，比2013年末提高了1.2个百分点。东部地区中小微企业1115.1万家，占全部中小微企业的61.7%，比2013年末下降了2.6个百分点。2018年，东部地区中小微企业平均营业收入1085.9万元，分别比中部和西部地区高11.9%和12.1%。

第四节　小微企业自身的优点与发展中的不足

一、自身的优点

（一）具有锲而不舍的奋斗精神和顽强的生命力

虽然小微企业发展面临种种困难，但企业主普遍对未来的发展前景抱有积极乐观的态度。小微企业的一大特点是退出成本相对较低，允许企业从头再来。调查中发现，有超过1/3的小微企业主曾经有过多次创业的经历，最终经过不懈努力，寻找到最适合的发展平台。他们一旦找到合适机会，会展现出顽强的生命力和积极进取的精神。这种创业精神正是国家进步、经济飞跃的力量源泉。2016年全国中小微企业实现主营业务收入72.2万亿元，占工业企业主营业务收入的62.7%，已成为中国经济发展的重要组成部分，也是中国数量最大、最具创新活力的企业群体。

（二）产权明确性

我国小微企业多半诞生于个体家庭作坊，业主既是创业者又是实际经营者，既是决策者也是执行者，产权集中明确。这种特点在某种程度上可以说是小微企业的一个优势，它能在特定的地理空间聚集一定的人缘、地缘、业缘关系网络。

（三）体制灵活

小微企业资本投入较小，所有权与经营权完全统一，产权私有。企业通常可由单个人或少数人提供资金组成，其雇用人数与营业额皆不多，因此在经营上多半是由业主直接管理，组织结构相对简单。

（四）开工快

由于前期投入相对比较少，不用烦琐的资金筹措准备工作，这样就可以迅速开始工作，比如淘宝网里面的大部分卖家。

二、发展的不足之处

（一）竞争力较弱

小微企业因其自身规模小，抗风险能力弱，对外部经济、政策环境的敏感程度普遍较高，在市场竞争中容易受到诸如市场客观环境、国家经济政策和经济周期波动等因素的影响，抵御风险的能力较弱。仅有少数小微企业在近几年营业额快速或高速增长（增长率30%以上），其余大多数企业经营发展缓慢，企业产品市场占有份额很有限。此外，小微企业在发展过程中仍旧面临大企业的挤出效应，尤其是宏观经济环境不景气的背景下，各种社会资源诸如资金、技术、人才和信息等更容易向大中型企业倾斜，进一步挤压小微企业的生存空间。调查显示，46.84%小微型企业反映市场需求不足、产品销售困难，58.08%的反映市场竞争压力加大，23.74%的反映订单不足。

（二）管理落后

“家文化”氛围浓厚，管理水平低，管理随意性强。小微企业的业主和员工基本为家族成员，采取家族式经营模式，企业高度集权，财务管理、人员管理等各方面制度不规范。规模小，工人数量少，基本上不用复杂的人员管理制度。业务上由于产品单一，科技含量也不是很高，所以对其技术管理的要求也比较低。这种家族式企业，其产权的私有集中性排除了外人对使用权的索取。产权的封闭性使各方面信息只能在家族内流通，使得技术、管理、信息等都受到限制，不利于企业的发展壮大。

（三）用人难，留人难

小微企业资金有限，发展前景不明晰，往往难以承受员工“五险一金”福利的支出，即使在待业人数充足的背景下，尚未从业者也不愿去小微企业就业，大部分已经在小微企业中就业的人员也由于小微企业各方面福利、制度不健全的原因而萌生退出之意。

（四）缺乏持续的创新能力

小微企业其实不乏创新力，因为有较大一部分小微企业是创业者基于创新的产品或想法或技术或经营模式而成立的，但大部分的小微企业业主一旦创业形成一定的基业后，创新的激情开始慢慢冷却。有的是因为创业者本身素质不高，创业者骨子里有小富即安思想的牵绊；有的是因为企业各方面条件限制而无法创新。

（五）信息化水平低

据统计，超过四千万的中小企业中实现信息化的比例不足10%。由于缺乏信息化的支持，一些小微企业的管理呈现粗放、混乱的状态，导致其在市场竞争中处于下风，很容易因为大型和中型企业的竞争而倒闭破产。

信息技术可获取度有限。大多数小微企业往往因为资金、人才、服务不足，互联网应用水平普遍薄弱。一是初创企业因经济承受范围有限，一般无力支撑较高的软硬件配套设施等投入成本；二是互联网创新创业需要既懂行业特色又懂互联网思维的复合型人才，但大部分的小微企业员工整体素质不能满足需要；三是针对小微企业的信息服务市场发展缓慢，公共云服务、开源软件资源供给不够。

第三章

国家对小微企业创新创业的政策倾向

第一节　对小微企业创新创业扶持政策的背景

小微企业的成长需要企业、金融机构、政府和社会各界共同努力，支持小微企业健康发展，对于我国经济保持平稳较快发展具有重要战略意义。

社会创业正在经历一个转型升级的过程。从内容上看，创业从“单创”转向“双创”。如果说“创业”点燃了教育的激情，那么从“创业”走向“创新创业”或者“创意创业”，是教育意义的全面深化和提升。从创业内涵上看，从精英创业到草根创业、创客创业，从低端产业到高端产业、创意产业，激发了个体、中小微企业等实体经济创业创新的热情，处处彰显着创新、创意的魅力和推动力。从机制上看，从“需求侧”转向“供给侧”，开展创新创业活动既要精准把握创业者“想要什么”，更要关注自身供给上“能给什么”。创新创业资源的有效供给，在于是否能够适应产业转型发展的要求，是否能够满足创业者多样化、个性化的需求。

随着我国改革进程的不断推进，促进小微企业健康发展，事关社会发展全局，党中央、国务院高度重视。近年来，国家和各地对小微企业的服务不断加强，取得积极成效，但与小微企业发展需求相比仍有较大差距。

在中国进入全球第二大经济体的发展历程中，小微企业功不可没。中国有一个特殊的情况，小微企业是国家税收的一个重要来源，占现在国家财政税收中的一半，对税收贡献很大。小微企业是解决新增就业人口的主渠道，也是培养企业家的摇篮。现在一些知名的大企业，如联想、万科、华为等都是从小微企业起步，他们的CEO就是当年的小微企业主。从世界各国和地区实际情况来看，包括美国、欧盟，一些新的发明创造基本上都是从小微企业干起，微软、苹果就是这样。

在我国经济发展速度放缓和结构转型的双重压力下，国内经济形势严峻，外需不振，小微企业生存环境压力很大。李克强总理多次谈及要缓解小微企业融资难、融资贵问题，并做出相应的政策部署，进一步有针对性地缓解融资成本高的问题，以促进创新创业，带动群众收入提高。

第二节　国家对发展小微企业的政策倾斜

为了帮助小微企业顺利发展，国务院和地方出台系列措施，从税务、财政、就业等多方面给予支持。

一、小微企业直接享受的税收优惠政策

（一）直接享受的税收优惠政策

《中华人民共和国企业所得税法》中规定，“符合条件的小型微利企业，减按20%的税率征收企业所得税”。符合条件的小型微利企业，是指从事国家非限制和禁止的行业，对工业企业来说，年度应纳税所得额不超过30万元，从业人数不超过100人，资产总额不超过3000万元；对其他企业来说，年度应纳税所得额不超过30万元，从业人数不超过80人，资产总额不超过1000万元。

（二）税收优惠政策的政策效应

企业所得税中，小微企业享受的税收优惠政策的政策效果是非常直观的，只要是符合条件的小微企业都可以减少纳税。与大中型企业相比，企业所得税税率下降5个百分点，若是应纳税所得额低于6万元，企业所

得税税率将继续下降10个百分点。这是税率式减免，对所有符合条件的小微企业都适用，减税幅度相同，更具公平性。更长远的，小微企业将每年留下的利润积累起来，缓解了资金不足，有利于小微企业扩大再生产、科技创新、市场开拓、业务发展、产业链条的延伸等，促进企业进一步发展。小微企业的应纳税额大幅度减少，其减税的效果是非常明显的。

二、营改增对小微企业的税收政策

（一）营改增中的小微企业应当遵照的税收政策

营改增就是营业税改征增值税，对在我国境内提供交通运输业和部分现代服务业的单位和个人按规定缴纳增值税，不再缴纳营业税。缴纳增值税的纳税人分为一般纳税人和小规模纳税人，应税服务的年应征增值税销售额在500万元以下的（包括500万元）为小规模纳税人。小规模纳税人在计算增值税时不得抵扣进项，所以增值额就是销售额即应纳税所得额。只要年应纳税所得额不超过30万元的就是小微企业，所以小微企业作为小规模纳税人，按照小规模纳税人的方法采用简易计税方法计算缴纳增值税。

简易计税方法的应纳税额，是按销售额和增值税征收率计算的增值税额。小规模纳税人采用的增值税征收率统一为3%。

应纳税额=不含税销售额×征收率（3%）。

（二）营改增税收政策的效应

从各试点地区来看，营改增政策贯彻实施后，小规模纳税人税负明显下降。上海营改增共13.9万户试点企业中，其中有65.7%是小微企业，小微企业申报缴纳应税服务增值税共计7.07亿元，少缴税款5.03亿元，降幅为42%。小微企业在这次营改增中受益很大，改善了小微企业的生存环境，为小微企业减轻了税负、增加了利润，增强了小微企业的生命力。

1. 营改增使小微企业税负降低

（1）实际税率降低使得小微企业税负降低

小微企业营改增后按照简易办法计算缴纳增值税，使用的是增值税征收率——统一为3%。对从事交通运输的企业来说，原来缴纳营业税时，使用的税率是3%，名义税率没变，但是营业税是价内税，增值税是价外税，剔税后实际税率必然下降，通过计算可以得出实际税率为1÷（1+3%）×3%=2.91%，相比原来税率下降了0.09个百分点。对于部分现代服务业企业来说，原来缴纳营业税时，使用的营业税税率为5%，营改增后，仅仅是名义税率就下降2个百分点，在剔税之后，税率一共可以下降2.09个百分点。税率的下降成为小微企业税负下降的主要原因。

（2）增值税延续营业税的优惠政策使得小微企业税负降低

实行营业税改征增值税的一个重要目标是解决重复征税问题，对于原来通过税收优惠来消除重复征税的这部分税收优惠予以取消，但是营改增尚在试点并且未扩展到全部服务业，有些原营业税优惠政策还是需要延续的，原营业税免税的部分在改征增值税后继续免征。增值税优惠政策主要有三部分组成：免征增值税项目、增值税即征即退项目和增值税零税率。免征增值税的主要项目有个人转让著作权，残疾人个人提供应税服务，试点纳税人提供技术转让、技术开发和与之相关的技术咨询、技术服务等。零税率主要用于出口业务上，例如试点地区的单位和个人提供的国际运输服务、工程、矿产资源在境外的工程勘察勘探服务、存储地点在境外的仓储服务等。

2. 营改增使小微企业利润增加

小微企业由于其规模、资金的限制，使得其相对的利润率也较低，所以增值税税负的较小变动就会引来利润的较大变动。我们假设小微企业营改增前后营业收入都是10万，只考虑税金对利润的影响，对于现代服务业，营改增前营业税为5000元，利润总额为95000元，营改增后营业收入剔除所包含的增值税还剩97000元，营业税金为0元，利润总额为97000元，使企业利润增加了2000元。小微企业利润增加后可以开拓市场、科技创新，从而降低成本费用。可以预见，第二年、第三年以后成本费用不断降低，利润进一步增加，有利于小微企业进一步发展壮大。

三、小微企业享受的暂免征收增值税和营业税的税收优惠政策

（一）小微企业所享受的暂免征收增值税和营业税的具体税收优惠政策

国务院常务会议决定通过调整支出结构盘活存量财政资金，缓解财政收支矛盾，按照公平税负原则，对小微企业中月销售额不超过2万元的增值税小规模纳税人和营业税纳税人，暂免征收增值税和营业税，并抓紧研究相关长效机制，这是一项最新的专门针对小微企业的税收优惠政策。

（二）小微企业享受的暂免征收增值税和营业税的税收优惠政策的效应

1.减轻小微企业税收负担，增加小微企业销售盈利能力

对月销售额不超过2万元的小微企业暂免征收增值税和营业税，这些小微企业有营业税纳税人，也有增值税小规模纳税人，小微企业的营业税税率为5%或3%，增值税征收率为3%。以最少的3%的营业税税率和增值税征收率为例，先对单个的企业一个月的税负和相关财务指标进行分析。假设某小微企业月销售额为2万元，毛利率为20%，除了营业

税和增值税外的营业税金不变且为A，其他成本费用损失不变且为B，企业所得税应纳税所得额没有调整项，除增值税不得税前扣除外，应纳税所得额等于利润总额。

可以看出，对一个符合条件的小微企业来说，可以减少营业税或增值税600元（最多可以减少营业税20000×5%=1000元），利润总额增加600元。这600元全部都由暂免征税带来，扣除所得税后的净利润分别增加了540元和600元（企业所得税应纳税所得额不允许扣除增值税），销售净利率分别增加了2.7%和3%，增加了企业的获利能力。

通常认为工业企业中，营业收入300万元及以上的为小型企业，营业收入300万元以下的为微型企业。相比大部分小微企业，只对月销售额不超过2万元的小微企业暂免征收增值税和营业税显得有些微不足道，但在财力范围内当然是应该先帮助最微小的企业，这也体现了公平原则。

2.激励创业，稳定就业

减税短期可以看作是用来弥补在经济不景气下减少的营业收入，免税政策的及时出台将促进小微企业的发展，增加小微企业发展信心，从而有利于减少失业，稳定就业。并且小微企业在我国企业中所占比例高，就业吸收能力强，预计有600万户小微企业从该项免税政策中直接受益，这项措施将至少牵动6000万人的就业情况，从这个方面来说该项免税措施的覆盖范围还是很广的。

此外，对小微企业暂免征收两大流转税，对创业具有十分积极的刺激作用。我国本就以流转税为主体税种，许多小微企业每年税费就要缴纳很多，并且流转税是按照销售收入或营业收入来征收的，不论企业盈利还是亏损都要缴纳。这样的税制下，对微利企业减税无疑会刺激创业，带动更多人就业。

案例1　石家庄市扶持小微企业

石家庄市启动小微企业名录建设，以四大板块为小微企业提供便捷通道促进小微企业发展。小微企业名录系统内容包括“扶持政策集中公示”“申请扶持导航”“企业享受扶持信息公示”“小微企业库”四大板块。小微企业名录系统将依托河北省市场主体信用信息公示系统，借助其权威的企业基础信息源和巨大访问量优势，把石家庄市小微企业名录系统建成集中宣传、公示扶持政策及实施信息的窗口和平台，为广大小微企业提供了解、申请、查询相关政策措施的便捷通道，提高扶持政策的知晓度、透明度及实施的精准度。四大板块保障“扶持政策”公开透明。集中公示扶持政策，对涉及小微企业的各类现行扶持政策进行梳理归纳，通过小微企业名录(石家庄)系统“扶持政策集中公示”板块，全面及时向社会公示，提高扶持政策的知晓度。集中公示扶持政策实施信息，将享受扶持政策的小微企业名称、扶持政策内容、实施扶持部门、扶持日期等，在小微企业名录(石家庄)系统“企业享受扶持信息公示”板块向社会公示，接受社会公众监督，提高扶持政策实施透明度。建立扶持政策申请导航，对涉及小微企业的各类扶持政策，按照财政资金支持、税收优惠、金融支持、服务支持等进行分类，在小微企业名录(石家庄)系统“申请扶持导航”板块，简明展示其核心内容及办理流程，方便小微企业知晓、享受相关扶持政策，提高政策实施精准度。建立全市小微企业库，按照国家工业和信息化部、统计局、发展改革委、财政部《中小企业划型标准规定》(工信部联企业〔2011〕300号)和中国人民银行、中国银监会、中国证监会、中国保监会、国家统计局《金融业企业划型标准规定》(银发〔2015〕309号)，依据企业年报信息和新设企业注册资本(出资额)等，在小微企业名录(石家庄)系统“小微企业库”板块，建立全市动态小微企业库，向社会公示。

第四章

小微企业创新中存在的问题及对策

第一节 小微企业创新中存在的问题

《中国中小企业景气指数研究报告（2020）》显示，到2020年末，我国中小企业景气指数已坚韧地走出“V型”低谷。2020年上半年受疫情影响全国中小企业综合景气指数总体有显著下滑，降幅达12.7%，创历史最低点。但二季度开始随着企业数字化、智能化复工复产，企业景气逐渐企稳回升，环比增长1.79%。三季度随着国家抢救式扶持政策落地实施，实体经济快速恢复，景气指数环比增长10.03%。四季度发展局面持续保持，预计环比增长2.1%，因而我国中小实体经济走出低谷趋向基本面稳定发展良好。在构建国内国际双循环发展新格局下，预计2021年将会持续企稳回升态势。

“普惠金融-小微指数”数据显示，2021年第一季度，针对小微企业的融资成本和融资风险维持下降态势，融资需求和融资供给均有下降，小微企业自身发展和营商环境均处于景气水平。2021年第一季度，小微发展指数为52.50点，较2020年第四季度下降0.09点，高于50点荣枯线[①]。

但是，在我国目前，小微企业的发展整体上是不稳定的，利润率不高，业务范围有限，长远看景气度不乐观，概括出来有下面几个问题。

① 通常采用PMI指数估计小微企业的景气度。PMI=订单×30%+生产×25%+雇员×20%+配送×15%+存货×10%。PMI是用百分数来表示的，50%是划分经济强弱的分界点。PMI大于50%时，经济处于扩张状态；PMI小于50%时，尤其是PMI下降接近40%时，会被认为是产业疲软，中小企业不景气，是经济萧条的先兆。除了考察PMI的整体走向外，PMI中的支付物价指数及收取物价指数也被视为物价指标的一种，就业指数更常被用来预测失业率及非农业人口就业的表现。

一、经济方面的问题

经济方面的问题具体可概括为“两高两难”：成本高；用工难，融资难。

（一）成本高

小微企业经营管理规范性弱，经营成本高。在调查过程中发现，原材料成本和人力成本不断增加是困扰小微企业的主要问题。随着原材料、人力、物流等成本的上涨，小微企业面临经营成本压力增加，利润空间有限，制约了小微企业的创新与发展。小微企业规模小，无品牌优势，议价能力弱，处于价值链的弱势地位，导致采购成本较高等多种结果，影响了小微企业创新发展。

各地政府都在努力实现公共资源优化配置，但是在国内国际经济大环境下，近几年国内超过60%的小微企业生产运营成本有所提高，其中用工成本的提高是最严重的问题。我国很多地区的小微企业主要集中在第三产业中，用工成本提升最突出的行业为餐饮业、服务业、商品零售业等劳动密集型企业，值得注意的是这些企业市场竞争相对来说还较为激烈，难以通过提升产品服务价格来对所上升的成本进行转移和消化。这样一来，这些小微企业的利润空间越来越小，在企业发展放缓的同时也会对区域经济发展造成一定影响。

（二）用工难

2021年4月，为了解春节后小微企业用工情况，笔者抽取了62家小微企业开展用工情况问卷调查。其中，制造业28家，建筑业10家，批发零售业13家，住宿餐饮业11家。本次调查企业共计划招工802人，实际招工314人，实聘比例为39.2%，与上年相比下降14.1个百分点，其中已招满企业12家，占被调查企业的19.4%，与上年相比下降5个百分点。普通技工缺口问题突出，调查企业认为招工缺口最大的是普通技工，占59.7%。这次问卷调查的结果很有代表性，很能说明问题。与大中型企业相比，小微企业的发展空间相对狭小，工资福利待遇相对不高，工作的稳定性程度相对较低。目前，小微企业一线工人月平均工资4000元左右，工作强度大，时间长，比如很多中小橡胶厂没有空调，生产环境简陋，员工在高温天气里工作时难以忍受。

小微企业不同程度的存在劳动合同签订率低，给员工购买“五险一金”比例不高等问题，有的企业甚至出现拖欠工资等行为。

小企业在用工管理上缺乏健全有效的激励考核机制和公正合理的培训与晋升制度，导致员工对企业的忠诚度和归属感较低。

上述种种因素造成小微企业员工流动频率加速，难以留住人才。

（三）融资难

资金是一个企业生存、发展的血液。相对于大中型企业来说，小微企业无论是在规模、信用、竞争力方面，还是在抗风险能力方面都不占优势。在这种情况下，一些金融机构更愿意接受更有实力、规模更大的企业的融资请求，而小微企业要想融得资金只能采取提高融资价格的方式确保信贷安全，这在一定程度上就加大了小微企业的生存压力。

二、管理方面的问题

受到国内外金融环境的影响，能源、劳动力危机日益严重，致使小微企业的生产和发展遭受严峻的挑战，尤其是缺失健全的管理体系，使得中小微企业在激烈的市场竞争中始终处于不利地位。

（一）企业创新发展中缺乏科学的战略规划

战略规划是针对企业未来发展所制定的目标和实现步骤，对企业未来发展有着重要的指导意义。大多数小微企业还采取传统粗放式的管理方式，阻碍了企业的长远发展。企业发展缺乏科学的战略规划和创新型战略人才。小微企业的决策者由于侧重追求经济效益，在发展中往往只关注眼前利益和短期收益，忽视对企业长期发展来说所必需的像员工培训、新产品研发或新设备引进等这样的投入，由此严重阻碍了企业的长期发展和市场竞争力的提高。此外，小微企业往往缺乏吸引高素质创新人才的硬件和软件，加之其决策者缺乏吸引并留住这些人才的意识，导致小微企业在激烈的市场竞争中极易被淘汰。

（二）缺乏健全的管理制度和系统的管理理念

大多数小微企业首先考虑的是企业面临的生存困境问题。重视市场销售，重心主要放在业务拓展上，忙于应付市场压力，过分注重企业市场营销和成本控制，重视企业短期效益。企业在经营管理中主要是以短期利益为主，管理多看重眼前利益，很少从长远角度考虑问题，导致不重视管理理念方面的发展和长远规划。

小微企业管理者身兼数职，甚至在企业管理上无暇顾及，管理体制上多是以个人意识为转移，管理中容易出现漏洞，轻内部管理是很多中小微企业的管理常态。

部分小微企业的管理者管理意识方面因循守旧，按部就班的居多，对管理创新的认识不够深刻。企业管理创新发展受个人因素影响较大，创新创业的效果不好，影响企业的可持续发展。这就很难在激烈的市场竞争中处于优势地位。

（三）缺乏健全的财务管理体系

通过调查分析来看，小型企业各种资源有限，缺乏专业财会从业人员，岗位权责划分不够明晰。大部分的小微企业还是习惯沿用传统的财务管理模式，致使企业的决策人员对财务款项的收支和信用标准缺乏严格的认识，部分管理者甚至能直接越权处理财务收支。另外，有的小微企业的财务人员多是领导者的亲属或者朋友，部分人员甚至没有经过系统的财务职业能力培养，为能让企业的盈利增大，甚至会通过编造虚假会计信息的方式避税，企业的整体财务状况非客观真实，不能及时地反映企业现状，也不能为企业的融资发展提供更多有利的凭证，使企业的账目仅仅成为企业的一笔流水账，不能为企业的未来发展提供细致的数据支持，最终导致的结果是制约企业的进一步发展，也降低了企业的信用等级。

案例2　这家企业管理人员不专业

某市某县三Y制衣有限公司，是兄弟三人合作创办的一家小微企业。公司业务主要是服装成品加工，新冠疫情发生之后附带进行口罩生产。上机操作的一线员工保持在50人以上。日常管理由三位创办人中的一位的亲戚负责。这位负责人是20世纪70年代的初中毕业生，之前在外做小买卖，根本没有现代企业管理经验。企业的财务工作聘请了一位退休老师负责，让他管理企业的财务账目，顶多是将日常收支弄清楚，为工人造工资表。而实际上，企业的财会人员责任很重要，负责公司的会计、报表、预算工作，负责制定公司利润计划、资本投资、财务规划等，建立健全公司内部核算的组织、指导和数据管理体系，组织公司有关部门开展经济活动分析，监督公司遵守国家财经法令、纪律等。显然，这位业余会计难以胜任，在被聘请了一年之后就辞职了。

（四）信息化管理较弱

在“互联网+”的背景下，各行业已认识到信息化管理的重要性，并逐渐在企业管理及经营活动中充分利用互联网信息与多媒体技术的优势开展相应工作，为形成科学规范的管理体系及提高企业经济效益做出很大贡献。

小微企业的信息化管理程度普遍较低，主要表现在：一方面，小微企业管理人员信息化管理的意识较为薄弱，运用现代化科学技术水平进行企业经营或管理的能力不高；另一方面，企业无论是生产线还是经营线，连贯性及系统性的信息平台没有得到有效搭建，导致企业信息化管理模块零散，无法有序衔接。当企业经营活动中出现某一问题时，无法及时有效地进行处理。小微企业信息化专业技术人才极其匮乏，在很大程度上也给企业实现信息化管理带来不便。有的企业连官方网站都没有，即使有也疏于管理维护，更谈不上通过互联网拓展业务、通过大数据优化决策、通过数据积累为用户提供个性化优质服务了。信息化水平低下导致智能化管理水平低，不仅会影响企业当前的经营效率和营收状况，更会导致企业在市场中缺乏长远的竞争力，形成恶性循环，极大地影响小微企业创新创业发展。

（五）缺乏企业文化建设机制

企业文化是维系一个企业向上发展的灵魂。良好的企业文化，能够给团队或者员工带来正能量，可以提高他们的斗志，让企业员工有一种归属感，当成员们丧失信心的时候，它也可以鼓舞士气。受到企业主对企业文化作用认识不足的影响，小微企业的文化建设普遍滞后。

1.对企业文化的重视程度不够

我国的小微企业很多都是朋友、夫妻、亲属等有密切联系的团体创立的，基本上都是白手起家，从路边摊、小作坊一步步地发展起来的。

对企业的管理往往是依靠亲情、经验、人脉等，对员工的管理主要是用强制命令、“一言堂”的方式。有的企业领导者的综合素质普遍不高。对于这些企业领导者来说，怎样快速地积累财富才是最重要的。如何快速地实现企业利润的最大化是部分小微企业领导者最关心的，他们看重的是市场、技术、产品，对企业文化这种不能立竿见影对企业盈利产生作用的因素不是很关心。

2. 重视企业文化的外在，忽视企业文化的内涵建设

创业者在企业创立、发展过程中所形成的价值观、世界观、财富观等都会融入这个企业当中，企业的经营理念也或多或少的有着这些理念的影子。这些理念通过各种活动和形式表现出来，是一个比较完整的企业文化。在我国小微企业的企业文化建设过程中，一个比较突出的问题是盲目追求企业文化的形式，而忽视了内涵建设。一提企业文化，很多的企业领导者首先想到的是组织员工搞文体活动。经常会看到有些企业举行球类比赛，组织运动会、观影等活动，开办职工爱好俱乐部等，以此来达到塑造企业文化的目的。开展必要的文体活动确实是企业文化的一个方面，而且能在一定程度上增进员工之间的相互了解和员工对企业的归属感。开展文体活动的目的是要将企业文化融入这些活动中，否则，企业文化的建设是不会得到持续协调发展的，也就更不可能为企业的持续发展提供相关的支持。

3. 将企业文化等同于中国传统文化

很多小微企业领导者非常推崇中国传统文化，其中就有部分人认为既然是要做企业文化，何不如将老祖宗的传统文化拿来用？既然我们推崇孔孟之道，那就用孔孟学说来管理企业，还有人用老庄学说来管理企业。中国传统文化中的精髓是应该予以继承发扬的，问题在于当前的中国企业尤其是小微企业用传统文化来把握当代人的心理，没有将传统文化与迅速变化的市场需求相联系，所以难以实现对员工的工作激励。很多传统文化理念在用于指导企业管理经营中无法转化为具体的行为准则。

4.缺乏稳定性和长期性

文化本身是一种积淀，企业文化一经形成，就不太可能出现根本性质的改变，应保持一定的稳定性和连续性。很多小微企业的领导者在经历了企业的初创、发展、壮大后，眼界开阔了，自身素质也提升了，加之外界环境发生了很大的变化，在经营理念方面容易受到外界的影响，就会产生对企业文化推倒重来的冲动。毕竟企业是要不断发展的，今天一个口号，明天一个标语，难以形成企业文化建设发展的长效机制，很容易给企业员工带来思想上的困惑。

三、人才与创新方面的问题

（一）创新人才难求

智能化的推广关键在于人才。目前许多小微企业的机制、人员结构较为固定，老技术人员对新技术的应用认知稍显落后，而很多小微企业不愿意投入足够的资金与时间来培养新型人才。这样虽然在短期内能满足企业对人才的需求，但长远看，小微企业创新创业发展中容易发生人才断层的现象。人才存在结构性“断层”，必然带来创新难的问题。劳动力市场的主力军已经进入到“80后”“90后”甚至“00后”一代，他们中的大部分人拥有专业知识，创新意识强，其中不乏高级专业人才，就业观念也较之以前改变了很多。他们对企业的硬件和软件有较高的要求，包括对企业文化、企业发展方向、企业前途、工作环境和待遇等都不愿将就。而这些方面恰恰是小微企业的缺陷，所以，小微企业在吸引人才方面显得力不从心。

（二）技术创新意识薄弱

小微企业多数集中于传统产业，对于高新科技的创新和战略性新兴产业的开拓所投入的资源太少，产品、技术、生产工艺也都比较落后，除了科技型小微企业专门设有技术研发部门外，大多数企业都是加工贸易型、劳动密集型产业。

另外，小微企业普遍存在资金、人才和高端技术匮乏的问题，导致企业技术创新整体实力弱，拥有自主知识产权的核心技术少，产业关键技术受制于人。中小企业尤其是规模以下小微企业，大多尚未建立起完善的产品质量与技术标准体系。

具有专业研发机构的小微企业少，即便是有研发机构，要想开展重大科研实验也存在较大的难度，在经验研究与成果传承方面处于空白。小微企业在核心前沿技术方面的研发能力严重不足，必然难以在产业创新中发挥引领作用。

（三）创新能力不足，产品同质化严重

当前有很大一部分小微企业由于缺乏创新技术能力，产生了许多同质企业。他们的产品大致相同，自身品牌欠缺影响力，市场大致相同，产品竞争力不足，缺少电子信息管理方式，渠道推广成本过高，利润有限，生存空间较小。

第二节　小微企业成长面临的主要风险

企业风险是指对企业目标的实现可能造成负面影响的事项发生的可能性。企业在制定和实现自己目标的过程中，会碰到各种各样的风险。每个企业都是在风险中经营的，小企业也不会例外。风险造成的经济损失是极大的，但相对而言，风险对小企业来说远远超过大企业。小企业虽然“船小好掉头”，但它由于“本小根基浅”，故只能“顺水”，不能“逆水”，不能左右风险的发生。从实际情况来看，小企业消化吸收亏损

的能力十分有限。所以，小企业更应了解在经营中可能遇到的风险，以求未雨绸缪。

一、创业风险

这类风险主要在企业创业的初始时期容易发生，它的主要特征有三个：一是在企业的所有经营风险之中最早到来；二是有相当的隐蔽性，业主不易觉察或无暇顾及；三是它是小企业其他经营风险的根源。这类风险尤其值得创业者防范。小企业容易出现的创业风险有：业主过分注意产品的研制、生产而忽视了事关企业长远发展的问题，如企业产权的明晰、管理体制的规范等，对市场的潜在需求研究不透彻，对市场变化趋势没有预见性，对宏观行业形势的估计过于乐观，经营者缺乏全面管理的能力，没有建立必要的财务账目，设备和技术选择不当，低估所需资金，忽视税务。

二、授权风险

许多成功的小企业，在达到一定的规模后，企业主或经理发现由他一个人唱“独角戏”管理企业全部业务的局面难以为继，此时就需要将部分管理工作授权其他人承担，自己抓主要工作。一般认为，生产过程比较简单的企业，职工人数达25人以上便会产生这种需要。如果生产工艺和销售职能较为复杂，即使职工人数达不到25人，仅靠企业主或经理个人也难以有效地经营企业。授权风险的主要表现有：人员选择的不确定性；不能授权别人分担沉重的责任和繁杂的决策事务；存在心理障碍，授权者认为“只有我才能干好”，缺乏选拔和指导别人的能力；对下级缺乏信任感；业务发展，责任增加，但企业主或经理用于经营管理企业的时间并没有增加。

三、领导风险

当小微企业发展到有职工150到250人的水平时，就会面临企业的领导风险。处于扩张趋势的企业一到这个阶段，经营者就需要一套新的管理体制和技巧。经营者应该放弃过去曾经为自己带来成功的老经验、老办法，重新学习现代管理知识。领导风险的主要表现有：仅企业主或几个合伙人无法承担逐渐壮大的企业的管理责任；不愿授权别人分工负责并建立一个管理班子；不采用有效的领导和管理方式，一切靠自己的老办法；对具有领导才能的专门管理人才不能坚定不移地任用。

四、筹资风险

当企业经营达到一定阶段，原业主已无力继续提供所需资金。发展迅速的增长型企业，往往会面临资金不足的筹资风险。企业主便会从各种渠道筹措资金，例如，发起人增股，向公众招股或寻求无担保贷款，请金融机构认股或给予定期贷款，从租赁公司租赁设备等。问题在于每种获得资金的途径都各有利弊，如果经营者不善于扬长避短，为我所用，便会陷入困境。

五、成就风险

有些小企业在度过了一段好时光后容易开始自满，过分自信，急于求成，企图来个“大跃进”，但没有做好跃进的准备，或者放弃了过去获得成绩的踏实作风，把精力和时间放在投机或其他事务上。许多事实证明，这些发展前景充满希望的企业被胜利冲昏了头脑，经营者骄傲自满，结果还是被成就风险所压垮。成就风险的主要表现在：满足于眼前成就，开始注重个人享受，对市场占有率和利润的下降不以为然；不关注新的竞争形势、技术变革、原材料替代、新产品和消费者爱好的变化。

六、持续经营风险

随着时间的推移，企业的原管理者会逐渐衰老，年龄的增大，事务的繁忙，会使其越来越无法像当初那样胜任自己的工作。而当创办人或业主死亡、长期生病或丧失工作能力时，持续经营风险就会降临。此时出现三个问题：首先是由谁来照看企业的管理；其次是如何解决表决权或控制权的分散，推动统一的控制，尤其是家族制企业，家属间在企业控制上的意见分歧，将为企业带来灾难；最后一个问题是接班人要获得其他所有者(股东)、职员、雇员的拥护和支持，还要获得金融机构、客户和供应商的信任。深谋远虑的企业所有者从企业一开始就能认识到迟早都会遇到这一问题，但是许多小微企业所有者不愿考虑自己离开这个世界时出现的问题，而企业则要为此付出沉重的代价。持续经营风险主要表现在：在风险降临时没有准备好由谁来接替管理责任；二把手在企业里没有占有必要的股份；没有授权，缺少规划，过分自信；遗产税产生的债务。

七、现金风险

这种风险主要表现为损益表上利润的期末余额巨大，但实际上企业现金表中的期末数额却小到几乎为零甚至是负数。经营者以为，账面上的利润就是现金，事实上这是一种误解。这是因为赊销虽然也计入收益，但销售时并没有收到现金。另一方面，赊销增加了销售、存货的成本。这种误解往往使企业的现金状况发生假象，经营者因而在企业扩张或新项目上马时忽视了对现金供需的平衡核算。现金是企业的血液，从日常经营活动看，只有拥有足够的现金，企业才能正常运转。没有充足的现金，将给企业带来严重后果，影响企业的盈利能力和偿债能力，因而降低了企业在市场竞争中的信用等级，最终使企业资金周转不灵，甚至资不抵债，走向破产。现金风险主要表现在：业主只对企业的主要财务指标如资产负债率、净资产收益率等感兴趣，而忽视了指标掩盖下的问题；过分注意利润和销售的增长，而忽视了手中掌握的现金；固定资产投资过多，使企业的变现能力降低，导致资金沉淀；企业规模盲目扩张，缺乏相应的短中长期计划。

第三节　促进小微企业健康成长的策略

一、外部环境的优化

（一）国家层面政策的支持

小微企业中民营企业占主导，非常需要国家政策的有力支持，推动小微企业创新发展。当前，要着力推动小微企业数字化转型，深入推进“互联网+小微企业”专项行动，引导和鼓励小微企业应用移动互联网、大数据、物联网、云计算、人工智能等新一代信息技术，提升产品技术研发和应用能力。要研究实施小微企业智能化改造政策措施，聚焦重点领域和关键环节，重点研发智能化、数字化解决方案，加快技术集成应用，完善服务体系等。

（二）地方层面政策的跟进

引导个体工商户转为企业，对“个转企”的小微企业给予不低于5

年的过渡期，在过渡期内，对账证不健全的转型企业征税可以实行核定征收。企业社会保险保持原有缴费方式5年不变。鼓励创办小微企业，对新创办的小微企业，3年内所产生的省以下地方税收收入全额奖励给企业。

各级地方政府鼓励小微企业进入工业园区，在工业园区规划中，要预留小微企业的用地用房，对小微企业项目用地在年度用地计划指标中优先给予安排。

推动小微企业上规模。对新增的规模以上工业企业、限额以上批发和零售企业，以企业上年缴纳的省以下地方税收收入为基数，3年内每年增量部分的60%奖励给企业扩大再生产。对新增的规模以上企业，地方水利建设基金当年减半征收，如当年已缴纳，次年减半征收。

加大小微企业贷款风险补偿力度。扩大小微企业贷款风险补偿的贷款对象范围，将上年末在同一金融机构贷款余额1000万元（含1000万元）以下的小微工业企业纳入补偿的贷款对象范围，对相关银行业金融机构给予风险补偿。确保小微企业贷款增速不低于各项贷款平均增速、增量不低于上年同期水平。

支持小微企业发债融资。建立“小微企业发债增信资金池”，为小微企业利用债务工具融资提供增信。市县级政府要建立相应的增信机制，在已为小微企业发债提供担保的基础上，省“小微企业发债增信资金池”为小微企业发债提供再担保，以提高小微企业发债的信用等级。

强化对小微企业的担保服务和融资支持。市县级政府要整合现有资源，形成政府主导的融资性担保机构，为小微企业融资提供服务。鼓励市级政府设立融资性再担保机构，为融资性担保机构提供再担保支持。扎实推进“万家小微企业成长贷款业务”“助保贷”等项目落实，通过企业缴纳一定比例的助保金和财政提供的增信资金，共同为小微企业融资增信。各银行业金融机构要加强小微企业专营服务机构建设，并向县域和乡镇等小微企业集聚区延伸网点和业务，针对小微企业的发展特点不断创新金融产品，努力为小微企业融通资金。银行业金融机构对有市场、有效益、暂时出现资金周转困难的企业，要制定合理的信贷资金安排计划，满足企业正常营运资金需求。

政府采购向小微企业倾斜。各级政府应当预留本年度政府采购项目预算总额的30%以上，专门面向中小企业采购，其中预留给小型和微型企业的比例不低于60%。采购人或者采购代理机构在组织采购活动时，应当在招标文件或谈判文件、询价文件中注明该项目专门面向小型、微型企业采购。对于非专门面向中小企业的项目，采购人或者采购代理机构应当在招标文件或者谈判文件、询价文件中做出规定，对小型和微型企业产品的价格给予6%—10%的扣除。对采用联合体模式参加政府采购活动的，小型、微型企业的协议合同金额占到联合体协议合同总金额30%以上的，可给予联合体2%—3%的价格扣除。

减轻小微企业税费负担。对年应纳税所得额低于6万元（含6万元）的小型微利企业，其所得减按50%计入应纳税所得额，按20%的税率缴纳所得税，缴纳的所得税由设区市、县（市、区）级财政以“即征即奖”的方式奖励给企业。允许小微企业的民间借贷利息按有关规定据实在企业所得税前扣除。电力、水务等部门要支持中小企业以银行承兑汇票缴纳水电等费用。进一步清理规范各类收费行为。继续对小微企业免征管理类、登记类、证照类等行政事业性收费。规范担保公司等中介机构的收费定价行为。严禁对小微企业收取各种额外费用，不得变相增加企业财务成本。

二、内部因素激励

（一）加强小微企业的精细化管理

成功解决管理问题已成为小微企业发展的关键要素。小微企业的发展需要一个领路人，这个领路人需要具有先进的决策意识，在管理理念的引导下，能负担起为企业保驾护航的责任。决策人员需要具有战略管理思想，有对市场的敏锐性和管理的专注性，对市场前景有预见，并能注重将管理细化到日常，持之以恒才能实现企业愿景。管理者应该不断地提高综合素质，提高决策能力，对企业未来的经营决策具有更大的权威性。

1. 建立科学的战略企业规划，做好企业发展的精细化管理

小微企业要想在市场中占有一席之地，就要从科学战略的角度思考问题，可以让决策人突破“命令与服从”的单位集权管理模式，在吸收国内外成功经验的基础上，在利益主体的精细评估中做好企业未来发展的战略规划，并能在企业的发展中实施新的战略发展，让企业能有立足之地。强化创新型战略人才的引进，让激励制度与绩效管理更好地融合在一起，可以给员工部分企业的期权，使优秀的员工真正成为企业的一分子，让员工的利益与企业息息相关，降低人才的流动率。

要以实际的战略发展目标为前提，经过各方努力，让企业管理人员能真正地从长远角度考虑问题，在权责明确中构建以人为本的管理模式，让企业的管理制度更为完善，同时也重视内部管理的监督和控制，使企业能在人员使用上更优化，以吸引更多优秀的人才加入企业中，进而让企业能长足地发展下去。

2. 健全财务管理体系，做好财务的精细化管理

（1）决策人和财务人员的责任

第一，小微企业的决策人员应做到所有权和决策权分离开来，同时让财务人员明确自身的权利和责任意识，避免越权的状况发生；第二，财务管理人员需要系统性地掌握财务管理的制度和准则，在熟记人员职业道德规范的同时，强化内部的交流与合作，为企业提供真实有效的财务分析报告，从而为决策人提供更多行之有效的财务决策依据；第三，财务人员需要积极地了解外界的变化，避免“闭门造车”的情况发生，尽量了解新的财务政策和制度，解决因企业信息交流少出现的信息不对称局面；第四，企业决策人需要制定切实有效的财务工作目标和计划，动态管理财务体系，对财务的收支状况进行有效的清理，这能为下一步财务预测工作展开新的方向。另外，企业在进行信息财务管理系统的同时，可以让财务管理的效果更优，更具系统化和科学化，在降低市场风险的同时，让企业的经济效益得到极大的提升，从而增强企业在同行业中的竞争优势。

（2）加强企业财务的精细化管理

一是做好成本精细化管理。传统粗放的成本管理方式已经不能适应小微企业做大做强的发展要求。成本的精细管理贯穿于企业的各个环节，小微企业应以精细化、细微化、定量化的成本细分理念，在采购、生产、销售各个环节做好成本管理。在物料成本的控制、人工成本的控制、折旧费用等方面做到“细”“严”。在考虑创业战略时成本领先，具体表现在高效率、低管理成本、低奖金、少浪费等方面，采取严格财务控制等一切能够降低成本的活动与措施。

二是做好资金、利润的精细化管理。做好资金规划是公司日常运营的保证，如果没有一个好的资金规划，公司将会承受巨大的财务压力，同时也会给员工造成无形的压力。营运资金是企业发展的血液，是企业经营发展的重要资源。要通过营运资金精细化管理发挥企业营运资金整体优势，减少营运资金低效占用，降低营运资金成本，提高营运资金使用效率，提升整体经营效益，从而壮大小微企业整体实力。针对小微企业的利润管理，企业主应该编制明细账目，做好零星收入记录，做好各科目清查核实和利润核算，并进一步优化利润的生产再分配。

3.建立人才培养机制，做好人员的精细化管理

21世纪的发展，人才是核心竞争力，建立吸引、培养、留住人才的机制是任何企业的必然选择。企业提质增效依靠研发投入及技术创新，而非盲目抢占市场份额。人才引进与培养是小微企业重点关注的问题。

企业的可持续发展需要人才。企业要长久发展就要提高人才的福利待遇，让人才的能力真正地发挥出来。

第一，紧密结合自身的目标市场定位、产品与服务特色，建立小微企业的人才培养机制。结合自身的价格策略、销售渠道、促销方法等，借助互联网的优势，做好专业人才的需求规划和引进，才能更好地促进企业创业发展在人才方面得到支持。不仅要培养专业型技术人才，更应该培养高级管理人才。专业技术人才作为企业重要的核心研发团队成员，其技术的开发水平也要与时俱进。同时也可以进行人才储备，建立企业人才库。由于小微企业的规模小，高级管理人才对企业的影响显得尤为重要。

一是要设计激励机制吸引人才的加入，为新员工设计职业生涯管理方案，对员工实行人性化关爱和贴心式管理，制定员工长远发展规划，设计激励机制发挥人才资本在企业中的价值增值。二是要加大对员工的培训力度，主要目的就在于让员工掌握可以胜任本职工作需要的知识与技能，并切实提升员工自身的判断、洞察、智力、环境适应、义务承担以及忠诚等能力与素质。三是与相关高校建立长效合作机制进行人才储备，利用互联网来遴选人才时，需要对其在交际能力、技术能力、管理能力、战略眼光、创业激情、耐力毅力等方面进行评估。四是引导中小微型企业自身营造企业魅力。规范管理，减少职工流失，严格贯彻有关劳动就业政策，与员工签订规范性劳动合同，改善工作环境，提高员工薪酬待遇，保障和维护员工合法权益。加大技改投入，提高用工效率。应采用新技术、新工艺，推进工艺创新、设备更新、技术改造，最大限度地降低对员工体力劳动的依赖度，逐步减少苦、脏、累、重岗位。重视企业文化建设，提高企业凝聚力，进一步增强员工的归属感、幸福感和成就感。

第二，分层级管理内部员工，精细化管理和人性化管理相结合。小微企业能否顺利实现转型升级与从业人员素质紧密相关，只有完成人才的集聚，才能为企业下一步转型升级打下基础。小微企业员工流失是普遍现象。如何才能留住员工？这要求对企业员工进行精细分配管理。企业主要从招聘、技能培训、工作待遇、日常休假等环节做到对员工细心观察和贴心慰问，为企业一线员工、研发人员、中高层管理人员提供住宿、餐饮、医疗、入学、体育休闲等服务，争取让员工融入团队，为企业发展留住人才。

小微企业的员工可分为三大类：高层管理人员、普通管理人员、一线工人。其组织架构简单，远没有大企业的架构庞杂。

对高级管理人员的管理。小微企业管理讲究快速高效，所以高管人员不宜过多。管理的精髓是在规则明确的基础上充分放权，给予信任。所以，公司董事会确定了组织架构之后，要做的就是分工和激励两项工作了。在分工上，一般副总直接向总经理汇报，分管技术开发，品质，生产制造，采购，仓库等不同部门。分工之后，由副总直接管理各部门。小微企业管理需要在信任、放权上给予高管足够的空间。同时，董事会与高管的关系要上升为共同铸造持续发展平台的合作关系，而不是单纯的雇佣关系。释放干股是目前小微企业管理较普遍的激励办法。目前，众多小微企业释放了干股，但每到年底实际核算经营数据、提取利润的时候，大股东普遍会加入个人感情判断或者在利润数据上做点手脚，直接导致干股激励失去原有的意义。使用干股激励，一定需要企业家的大格局眼光和胸怀。

对普通管理人员的管理。现实中，在定岗定责的前提下，普通管理人员普遍追求三个目标，一是工作的快乐感，二是业绩，三是收入。针对工作快乐感的获得，小微企业管理需要明确的定岗定责。虽然大部分岗位职责因人手限制显得繁杂，但也应提前在工作职责中予以明确。适当组织各部门间的交流和外出拓展。除了规则，小微企业更需要有足够的人情味来凝聚团队。业绩不单是销售部门，每个部门都有业绩可以进行考核评估。例如，技术部有项目开发进度，开发效果评估；采购部有成本评估，交货及时率评估，来料品质合格率评估；生产系统有下线率评估，直通率评估，生产事故评估，等等。所以，针对业绩的管理，高管人员要思考三个问题：一是协助部门负责人制定岗位职责。二是与相关部门定期沟通，直接参与到相关部门的工作进度查询。查询不是目的，是为了发现部门员工所遇到的难题，高管和部门负责人要做的是帮助员工排除困难，向公司争取资源，让大家感受到在一个平台上同舟共济的氛围，有了这种感觉，不但容易出业绩，还有助于增加工作的快乐感。三是建设发展平台，促进员工成长。高管要有一定的胸襟，给有能力、有执行力的核心员工更多空间，必要的时候，通过补贴等方式直接进行激励。因为小微企业组织架构比较扁平，不会有太多升职空间，补贴是一种很好的认可并激励核心员工的方式。对于普通管理人员的激励最好与企业的营业额与净利润挂钩，不宜在基本工资上给予太高的投入，重点应该放在年终奖励。小微企业管理对人员的考核往往是非系统化的、不全面的，因为小微企业管理把主要的资源放在产品开发和市场管理上，不会在考核上投入太多资源和精力。所以，对普通管理人员最有效的收入激励是基本工资加年终奖金。这样可以产生三个直接效果：一是员工积极性更加高涨；二是增加凝聚力，因为年终奖由高管直接给予确定，从而间接地提升了高管的权威；三是直接增加了核心员工的收入，可以留住对企业有价值的核心人才。

对一线工人的管理。企业经营者一定要有明确的经营思路，产品是企业的生命线，而产品品质是做出来的，不是检验出来的。简而言之，一线工人肩负着企业生命线的重任，其重要性不言而喻。

三、企业定位准确

定位是任何一家公司要选择的发展方向，如果一家公司发展方向都不明确，那这家公司一定走不远。那么小微企业如何给自己定位呢？

第一，你的客户是谁？也就是给你的用户画像，这点很重要。我们不能先研究产品，再去研究产品卖给谁，这种思路是有问题的。我们要先研究客户，研究哪部分客户群体是我们的目标客户。

第二，客户都有什么需求？在选定目标客户群体以后，我们要研究客户的需求是什么，客户的“痛点”是什么，客户最需要解决哪方面的问题，这些是我们做定位的时候必须要想透的问题。

第三，你用什么产品满足客户的需求？针对客户需求，拿出相应的产品，你的产品能不能满足客户的需求，能不能真正帮助客户解决问题，能不能让你的客户满意。

四、创新商业模式

在新的经济时代，企业之间的竞争已经从产品、技术、品牌的竞争向商业模式的竞争迈进。商业模式创新是为了在企业和消费者之间实现更好地互动与沟通，在向消费者传递价值的同时促进其更多的消费，并帮助实现企业创造最大价值。

随着“互联网+”时代的来临，技术的进步带动了管理的进步，互联网的特性反映到企业管理实践中，使得管理和经济的理论发生了变化，信息更加对称与消费者赋权、个性化替代了规模化、去中心化，金字塔结构倒塌，企业组织边界消失等。而“互联网+”作为互联网发展的新形态和新业态，也必将带来管理理论的升级与变革。

现代信息技术催生商业模式的创新。传统的实体商店经营模式已经不再是独揽天下了，互联网线上营销分享了半壁江山，线下体验线上下单、线上线下结合的新型商业运作模式已经成为很多企业的营销主流。小微企业运用现代商业模式，可确保新兴业务创造出可观的顾客价值，从中获得理想的回报。

五、建立小微企业战略联盟

我国小微企业集中分布于零售业、农林牧渔等服务类行业以及加工行业，发展方式基本都是单打独斗。这种方式有利于节约成本，但由于缺乏协作，容易造成信息、技术、管理以及用人观念的圈定，阻碍小微企业的成长壮大。企业规模过小，信誉往往达不到融资渠道的要求。小微企业要想获得发展，必须改变单打独斗的发展战略。资源互补和信息共享的战略联盟是小微企业突破困境、赢得发展的最佳选择。

（一）联盟结构网络化

联盟结构的基础就是企业集成。要充分利用其实时、便捷、合作的特点，形成一种互补的关系，即各个企业以其优势互补形成一个整体，结成战略联盟的小微企业之间的信息交流实现网络化。

（二）联盟内成员企业产品实行个性化

企业战略联盟不要求企业的全能，而是强调企业之间的互联互通，使不同类型的企业结合起来，实现优势互补。战略联盟企业充分运用互联网的特点，使个性化、定制化的服务模式和销售方式得以实现，使客户在与企业协同设计产品的时候，能够满足自身需求。另一方面，联盟网络企业能够实现专业分工，协同生产出满足客户需求的个性化产品。

（三）战略联盟平台开放化

战略联盟的建立，促进了组织间知识的传递和信息的共享。随着联盟关系的深化，在同一领域可传递类似的技术创新，隐形技术开始显现并深度分享，已有的新技术可以被吸收和重组，以提高联盟成员之间的互动效率。

第五章

大数据与小微企业创新创业定位

第一节　小微企业创新出现困境的原因

在我国社会主义经济体系中，小微企业是十分活跃的经济主体，也是我国经济的一大支柱。任何企业都不能永远停留在一个固定的阶段，不可能总是用既定的思维去做事，所以创新是生存与发展的必由之路。可小微企业一谈到创新就觉得很困难，最重要的原因就是企业自身市场定位的模糊和营销策略的缺失。

创新市场定位理解和方式问题。产品市场定位，是根据竞争者在市场上所处的位置，针对消费者对产品的重视程度，强有力地塑造出本企业产品与众不同的、给人印象鲜明的个性或形象，从而使产品在市场上确定适当的位置。若企业的创新活动没有一个明确的发展方向，那么任何创新活动都难以提高经济效益，在激烈的市场竞争中必然被淘汰。

市场定位理解偏差。一些企业在市场定位前未做好市场调研工作，对企业实际情况不了解，从而市场定位不准确。市场定位方式不成熟，企业制定的市场定位方案不明确，涉猎范围较广泛，重点不突出，对产品生产和经营无具体规划，都会使企业在市场竞争中处于被动位置。

创新市场定位目标及经营模式问题。市场定位时目标需求不够明确，企业对目标客户的需求调查、分析和总结的工作存在一定的偏差，不能快速准确地察觉到目标客户群体的需求变化，同时对企业自身实力不能做到准确评估。

企业缺少经营模式的相关经验。各行各业运营中都存在一些特殊的规律，企业在市场定位中不能全面地了解把握这些规律及商业经营所需要的要素，致使企业在后期的经营中产生问题，培育新的增长点能力不强，产品附加值不高。同时，少数企业管理人员缺乏管理经验，对产品、客户、市场发展前景、商业模式缺乏准确判断和明确定位，企业成长性不足。

创新市场定位时目光不够长远。一些小微企业在进行市场定位时，只考虑到企业的自身利益，缺乏市场定位的系统性与重复性。在管理模式与经营理念中同样存在误区，没有充分考虑和重视企业的后期经营，不利于企业准确地进行市场定位。

品牌定位归于大流，缺乏专业性与个性化。以中国的服装品牌定位为例，国内服装鲜有高端品牌，大多小微服装企业走的是廉价的OEM（原始设备制造商）的道路，牺牲80%的精力去赚取20%的加工费，而剩余80%的巨额利润则全数归于了只付出20%代价的外国品牌。其次，千篇一律的诸如“时尚”“休闲”一类的品牌定位显得过于随意，使小微服装企业的品牌价值变得普通而低廉，缺乏专业性的定位为其品牌发展埋下隐患。市场调查发现，我国的小微企业在发展过程中出于快速发展的考虑，常常会比大型企业更加急功近利，将销售数据、成本价格等作为主要的衡量指标，而忽视了具有战略性意义的品牌建设。激烈的市场竞争是小微企业所面临的巨大困难之一，竞争必然会导致市场冲击与洗牌。而近年来，品牌优势在竞争中的重要地位愈发凸显，有了良好的品牌建设，企业产品才能迎来消费市场的认可，才能获得口碑，促进发展。

盲目跟风大品牌，疏漏消费者。在这一方面，我国最典型的代表当属凉茶企业。自2003年某凉茶品牌定位获得成功，一举跃上饮料销售的“第一品牌”以来，国内的众多中小型凉茶企业便极尽跟风之能，从品牌的包装、到名称、到容积、再到“降火”的品牌概念，无不雷同。但尽管如此，在中小型企业的围攻之下，仍然未能撼动某凉茶的半分地位，反而使得跟风的中小型企业自身出现了严重的亏损问题。品牌定位的目的就在于区别于同类的竞争产品或服务，盲目的跟风无法形成独一无二的品牌区隔，品牌的成功定位应首先立足于消费者，了解其情感诉求，借以取得其独有的品牌认同感与共鸣。

肆意延伸，模糊不定。通过市场调查发现，我国小微企业对于其自身品牌定位往往模糊不定，喜欢不断地延伸扩大，或是改动调整，致使品牌建设缺乏显著的特性，在如橡皮一般的拉伸过程中，变得疲弱，最终迷失了自我本质。如某品牌“非油炸”方便面的延伸，便是失败的典型案例之一。品牌的定位是企业价值观的最明显表现，是一个企业品牌的灵魂所在，而肆意延伸、模糊不定的定位取向无法体现品牌个性，也就缩减了品牌的象征性。没有明确定位的品牌就如没有船舵的船，飘忽不定，难以走远。因此，建立独立的个性的品牌定位无疑会使品牌形象更加鲜明。

第二节　小微企业创新市场定位意义及原则

创新市场定位是设计公司产品和形象的行为，使公司明确在目标市场中自己的位置。小微企业的创新市场定位，应加强其相关市场的专业性，根据市场需求、竞争的优劣势来确定品牌建设基础，促进品牌推广，增强消费者的品牌认知。

一、定位的意义

不管是从企业的萌芽阶段到走向成熟阶段，还是从企业亏损阶段走向盈利阶段，都离不开市场定位。市场定位在小微企业发展中发挥着不可忽视的作用，它有利于在产品生产方面创新，解决产品同质化问题。小微企业可以及时发现生产经营中存在的问题，及时采取措施改进，提高企业实力与核心竞争力。市场定位可以帮助小微企业调整产业结构和资源配置，提高利润率，实现企业利润最大化的目标；可以提高小微企业的整体素质，培养企业科学、全面、正确地进行决策的能力；可以避免小微企业盲目定位，防止在低水平上重复生产，防止盲目竞争，防止不切实际地实行价格竞争策略，防止盲目与大型企业过度竞争。

二、定位原则

构成产品内在特色的许多因素都可以作为市场定位所依据的原则，比如所含的成分、材料、价格、质量等，但总的原则有以下几点：

（一）不贪大

小微企业成功的经验就是定位明确，寻找差异竞争点，争取边缘小微市场。根据企业规模及运作情况制定发展计划，切勿贪大、贪名。因为市场投入门槛低，产品质量参差不齐，造成了市场内的无序竞争日益严重，行业内部鱼龙混杂。小微企业就要专业化，不能求大求全，而要求精。专注于这个产品，就要在这行业里把这个产品做得比谁都好。因为专注，所以更容易形成核心竞争力。所有资源都用在刀刃上，一心一意，根据自身特点，优化组合有效的资源。

（二）特色性

根据产品的特点定位。构成产品内在特色的许多因素都可以作为市场定位所依据的原则，比如所含成分、材料、质量、价格等。某品牌汽水的定位是“非可乐”，强调它是不含咖啡因的饮料，与可乐类饮料不同。某品牌止痛药的定位是“非阿司匹林的止痛药”，显示药物成分与以往的止痛药有本质的差异。一件仿皮皮衣与一件真正的水貂皮衣的市场定位自然不会一样，同样不锈钢餐具若与纯银餐具定位相同也是令人难以置信的。

(三)功能性

为老产品找到一种新用途，是为该产品创造新的市场定位的好方法。小苏打曾一度被广泛用作家庭的刷牙剂、除臭剂和烘焙配料，现在已有不少的新产品代替了小苏打的上述一些功能。现在，小苏打又被定位为冰箱除臭剂，还有家公司把它当作了调味汁和肉卤的配料，更有一家公司发现它可以作为冬季流行性感冒患者的饮料。我国曾有一家生产“曲奇饼干”的厂家最初将其产品定位为家庭休闲食品，后来又发现不少顾客购买是为了馈赠，又将之定位为礼品。

(四)指向性

企业常常试图将其产品指向某一类特定的使用者，以便根据这些顾客的看法塑造恰当的形象。美国某啤酒公司曾将其原来唯一的品牌啤酒定位于“啤酒中的香槟”，吸引了许多不常饮用啤酒的高收入妇女。后来发现，实际上占30%的狂饮者大约消费了啤酒销量的80%，于是，该公司在广告中展示石油工人钻井成功后狂欢的镜头，还有年轻人在沙滩上冲刺后开怀畅饮的镜头，塑造了一个“精力充沛的形象”，再加上有合适的广告语从而成功占领啤酒狂饮者市场达10年之久。

事实上，许多企业进行市场定位时依据的原则往往不止一个，而是多个原则同时使用。因为要体现企业及其产品的形象，市场定位必须是多维度的、多侧面的。

案例3 游戏网站定位指向性明确

90小游戏网站，全名“90后在线小游戏网站”。从名称看，市场定位是面对“90后”人群。在网站前期的定位策划中，就已经涉及面对客户人群来确立定位。网站在设置游戏方面一直依据“90后”客户的需求走。由于前期定位精准、细致，后期落实到位，网站运营很顺利，比一般同类网站能更快地得到客户群的支持，网站人气短时间内就急剧上升。由此可见，一个好的前期市场定位策划，对整个项目运营具有重要作用，也可以为后期市场投入节约大量的资源。

第三节　小微企业创新市场定位策略

企业在进行市场定位时，应慎之又慎，要通过反复比较和调查研究，找出最合理的突破口，避免出现定位混乱、定位过度、定位过宽或定位过窄的情况。一旦确立了理想的定位，公司必须通过一致的表现与沟通来维持此定位并应经常加以监测，以随时适应目标顾客和竞争者策略的改变。

一个企业进行市场定位之前，首先要做的就是对该企业进行市场分析。而企业的市场分析无外乎三个方面：对企业的经营环境进行分析，对与企业经营环境有关的信息进行收集分析，对企业的行业竞争结构进行分析。企业的经营环境主要分为宏观环境与微观环境，宏观环境又细分为政治环境、法律环境、经济环境、科技环境、社会文化环境以及自然环境，微观环境细分为用户的产品需求环境、竞争环境、分销环境和直销环境。对企业行业竞争结构进行分析时要全面掌握影响竞争的因素。

一、功效定位

消费者购买产品，主要是获得产品的使用价值，因而以强调产品的功效为诉求是品牌定位的常见形式。很多产品都有多重功效，但消费者能记住的信息是有限的，往往只对某一功效产生较深的印象。作为生产某产品的企业，要想成为著名企业，其在消费者的观念中是固定的。对功效定位准确，从企业诞生的那天起，创新活动就要贯穿始终，作为企业发展脉络。

二、技术定位

从技术来源看，技术创新有三种。第一种是技术创新，也就是企业主要依靠自己的人力、财力、物力的投入进行的自主研究开发，实现创新成果的商品化。第二种是模仿创新，指企业通过购买专有技术或专利许可来引进新技术。第三种是合作创新，以企业为主体，企业、高等院校、政府之间相互合作，研究开发新技术，生产新产品，从而获得创新经济效益和社会效益。对任何企业来讲，其资源都是有限的，也就决定其选择的技术是有限的。选择适当的、适用的、有发展前景的技术对企业创新机制而言，也是一种智慧之举。

三、补缺定位

寻找市场的空隙乘虚而入，这是避开强大竞争对手所选择的市场定位方式，用以开拓新市场。这种定位的优点就是能够让企业迅速站稳市场，并在消费者心中占据一定的位置。

四、重新定位

“定位”是为了让企业更快更准确地找到市场位置，但在实践中，很多企业在一定程度上存在着“定位惯性”，尽管市场需求和竞争状况有了很大改变，但企业仍然沿用原来的定位运行，创新已谈不上，并且企业有逐渐走向衰落之势，在这种情况下，重新定位就应该立即着手。重新定位既可以帮助企业摆脱困境，也可以看作是一种战略，比如有了更新市场机会的出现，就要及时调整市场定位来抢占先机。

五、细分市场

市场细分是目标市场选择和定位的前提与基础，就是把你产品的目标消费者按着某种条件细分成若干个市场，从客户个性化需求的角度对客户进行分类，把实际和潜在的客户划分为不同的客户群体来进行市场分割。通过市场与客户细分，识别目标市场和潜在市场。利用准确的市场定位，更易于满足比较小的客户群体的需求。

如何用有限的资源进行有效组合为客户提供服务，关系到企业经营的好坏。通过市场细分，企业可以认识到每个细分市场上客户需求的差异、需求被满足的程度以及高科技市场竞争状况。高科技市场正处于发展期，那些未得到满足或满足程度较低，竞争者未进入或竞争对手很少的市场部分便是客观存在的市场机会。抓住这样的市场机会，结合企业资源状况，从中形成并确立适宜自身发展和壮大的目标市场，并以此为出发点设计相应的营销组合策略，就可以夺取竞争优势，在市场占有较大的份额，为企业下一步的发展打下良好的基础。

任何技术发展、竞争因素和行业变化都会不断地改变客户的细分类型，改变客户需求和购买偏好。为了保持对市场变化做出最快的反应，公司需要将市场细分工作当作战略计划和日常执行中的必备部分，定时重审市场细分框架，调整细分战略，回应市场变化，评估公司的结构是否适合，是否有利于营销。

基于客户信息数据库的客户细分模型是促使营销竞争达到精确、成功的最重要因素。设计一个能够满足营销需求的客户细分模型，为数据库的绩效定制标准，确保客户或有用的信息被保留下来。建立一个定时升级更新的营销数据库系统，整合客户的所有信息。建立一个统一的信息库，使公司所有的员工能在同一时间看到相同的客户信息。通过客户细分模型得出信息营销方法，保持一种长期稳定的重复销售的关系，利用客户信息推动战略性的市场营销，增加公司的投资回报率，降低成本，提高公司整体利润，同时使客户更加满意公司服务。这样当客户有服务需求时，工作人员就可以立刻获得客户的信息，根据客户购买和服务历史提供帮助。

细分一个市场一般有事先细分和事后细分两种基本的方法。事先细分，是指在没有进行市场研究的前提下，事先将市场细分，研究人员凭直觉，以及对二手资料和对内部客户数据库的分析，将客户划分为不同的细分市场。事后细分主要采用市场研究的方法，收集目标市场客户的分类变量和关键性描述信息。在研究人员收集和分析所有相关信息之前，市场细分并不确定，要采用多元统计分析技术识别细分市场，并将客户按一定的算法规则划分为不同的市场。

客户细分的重点是对客户行为及需求进行分析，建立客户细分模型，将客户数据转化为对客户的了解，并由此产生有针对性的运作。市场细分从表面上看是将一个大的统一市场划分为若干小的市场，从实质上看是对客户需求的界定。进行市场细分可以帮助企业提高营销活动的针对性，确保营销活动有的放矢。这样有利于挖掘市场潜力，开发新市场，提高企业营销资源的利用率，实现资源的有效配置，加强对市场的了解，使企业的经营战略更加突出，竞争优势更加明显。

任何时候，营销人员确定市场存在显著的、可测量的差异时，都要考虑做市场拆分。在确定细分市场时需要考虑到市场是否足够的大。只有市场足够的大，才可以将其细分成更小的市场，但不要试图细分成一个非常非常小的市场。在不同细分市场之间可能存在差异，对这种差异采用传统的数据收集方法能够进行测量，如问卷调查。客户在细分市场中不仅背景资料和消费心理特征存在差异，对产品的诉求也是不同的。如果客户在购买产品时想法一致，就没有理由细分客户（虽然这种情况很少出现，但一些日用消费品有可能存在这种情况）。一旦作了市场细分，企业应该能够及时响应满足该细分市场的需求。如果不能实施相应的营销和广告策略，那么市场细分就没有任何价值。同时，为了追求更大的利润期望，需要能够采用多价格体系，重新设计现有产品或者开发新的产品，更多地占有市场和更有效地满足细分市场购买者的需求。细分市场能够通过一种或几种媒体接触到客户，企业应该能够确定哪种媒体方式对特定的细分市场最有效。

市场定位要避免误区，需要做到以下几点：

第一，避免产品同质化。市场竞争能力是产品价格、产品功能与产品服务优势综合的结果。当前有很大一部分的小微企业缺乏创新技术能力，产生了许多同质企业。他们的产品大致相同，市场大致相同，但也只能靠已有的产品维持生存。究其原因，一是资金不到位，从而无法实施技术创新，科研设备、技术性人才、新的专利性产品都无法购入，导致企业陷入危机无法发展。二是人才不稳定，有管理能力、销售能力、掌握着技术的精英们或者自立门户，或者被其他企业用高薪聘走，从而使企业的创新能力基础不牢。小微企业要想避免产品同质化的现象，就要在资金供应和留住人才上做足功夫。对于竞争激烈的项目，如果没有差异化的策略，也是要放弃的。

第二，避开大市场，选择细分市场。目前，细分市场虽然导致覆盖的用户群大量减少，但对于这样的细分市场空间，大公司是不屑一顾的，也没有精力去深入运营，而对于小微企业来讲，这正是他们的生存空间，只要这部分用户群就可以能够支撑公司发展。

第三，摒弃粗放经营，对业务精耕细作。任何一项看似普通的细分业务，如果能做到精耕细作，研究和抓住了细分用户群的最真实需求，就有可能在竞争中脱颖而出。小微企业面对的是细分市场的用户群，有能力和精力去深入研究这部分用户的需求，从而提供更全面、更细致、更有针对性的服务。小微企业必须尽快摒弃过去的粗放经营方式，尽可能以现代信息化手段进行管理、决策，不断提高资源、劳动力的使用效率，以提高市场竞争力。

案例4　从实践中寻找适合自己的事业

蒋天将，安徽机电职业技术学院汽车技术服务与营销专业2011届毕业生，在校期间多次获得各类奖学金及“优秀学生干部”等称号。2012年5月获香港经济管理大学南宁培训班MBA学位。他先后创立金灶沐文化传媒有限公司、天将餐饮管理有限公司等。

2011年5月，蒋天将为了创业，毅然辞去了待遇优厚的稳定工作，回到芜湖。2011年8月，蒋天将和几名同学创立了安徽易铭信息咨询有限公司。由于几位合伙人在企业管理和经营上出现了分歧，2012年初，几位发起人决定结束公司经营。第一次创业失败了，根本原因是蒋天将没有对市场情况进行细致分析，不熟悉信息咨询市场的行情。好在他没有泄气，更没有放弃创业，而是认真总结。

2012年4月，蒋天将带着他新的创业项目——金灶沐文化传媒有限公司进驻了芜湖市镜湖区创业孵化基地，结识了一大批优秀青年企业家，也为他的企业带来了许多新的发展机遇。2013年蒋天将又涉足餐饮领域，进入繁华的步行街经营美食，随后进驻安徽机电职业技术学院大学生创业孵化基地。2014年7月，蒋天将成立天将餐饮管理有限公司。蒋天将在收获创业硕果的同时，不忘回馈母校，成立了微信文化事业部，吸收愿意创业的学生加入他的团队。目前，蒋天将已经正式将公司迁入芜湖市高新区创业园。金灶沐文化传媒有限公司从最初的教育培训发展到今天包含四个事业部：微信文化事业部，电商文化事业部，传媒文化事业部和美颜文化事业部。万丈高楼平地起。怀着更深的热情和更高远的理想，蒋天将正在他坚持的道路上，披荆斩棘，一路前行，永不止步。

蒋天将终于成功创业，首先就在于他准确定位自己的人生——走创业之路，其次是他准确定位自己的能力——创办小微企业，第三是准确定位创业的服务对象——年轻群体。

第四节　大数据在小微企业创新定位中的应用

云计算的诞生，更是直接把我们送进了大数据时代。大数据应用，其真正的核心在于挖掘数据中蕴藏的信息价值，而不是简单的数据计算。

成功的市场定位，能够使小微企业的品牌快速成长，而基于大数据的市场数据分析和调研是企业进行品牌定位的第一步。小微企业要想在无硝烟的市场中分得一杯羹，需要架构大数据战略，拓宽企业调研数据的广度和深度，从大数据中了解行业市场构成、细分市场特征、消费者需求和竞争者状况等众多因素，在科学系统的信息数据收集、管理、分析的基础上，提出更好的解决问题的方案和建议，保证企业品牌市场定位独具个性化，提高企业品牌市场定位的行业接受度。

企业想进入或开拓某一区域市场，首先要进行项目评估和可行性分析，只有通过项目评估和可行性分析才能最终决定是否适合进入或者开拓这块市场。如果适合，那么这个区域人口是多少？消费水平怎么样？客户的消费习惯是什么？市场对产品的认知度怎么样？当前的市场供需情况怎么样？公众的消费喜好是什么？等等。这些问题背后包含的海量信息构成了电商行业市场调研的大数据，对这些大数据的分析就是我们的市场定位过程。

企业开拓新市场，需要动用巨大的人力、物力和精力，如果市场定位不精准或者出现偏差，那么给投资商和企业自身带来的损失是巨大甚至有时是毁灭性的，由此可以看出市场定位对小微企业创新市场开拓的重要性。只有定位准确乃至精确，企业才能构建出满足市场需求的产品，使自己在竞争中立于不败之地。但是，要想做到这一点，就必须有足够量的信息数据来供研究人员分析和判断。传统情况下，数据主要来自统计年鉴、行业管理部门数据、相关行业报告、行业专家意见及属地市场调查等。这些数据多存在样本量不足，时间滞后等缺陷，研究人员能够获得的信息量非常有限，使准确的市场定位存在着数据瓶颈。随着大数据时代的来临，数据挖掘和信息采集技术不仅能给研究人员提供足够的样本量和数据信息，还能够建立基于大数据的数学模型对未来市场进行预测。

今天，从搜索引擎、社交网络的普及到人手一机的智能移动设备，互联网上的信息总量正以极快的速度不断暴涨。每天在各种社交媒体平台上分享的各种文本、照片、视频、音频、数据等信息高达几百亿甚至几千亿条。这些信息涵盖着商家信息、个人信息、行业资讯、产品使用体验、商品浏览记录、商品成交记录、产品价格动态等海量信息。这些数据通过聚类可以形成行业大数据，其背后隐藏的是行业的市场需求、信息竞争，闪现着巨大的财富价值。

有两个方面是小微企业创新市场定位工作中的重中之重：一是通过获取数据并加以统计分析来充分了解市场信息，掌握竞争者的商情和动态，知晓企业在竞争群中所处的市场地位，达到“知彼知己，百战不殆”的目的；二是通过积累和挖掘消费者档案数据，分析顾客的消费行为和价值取向，更好地为消费者服务和发展忠诚顾客。

收益管理作为实现收益最大化的一门理论学科，近年来受到商业人士的普遍关注和推广运用。收益管理意在把合适的产品或服务，在合适的时间，以合适的价格，通过合适的销售渠道，出售给合适的顾客，最终实现企业收益最大化目标。要达到收益管理的目标，需求预测、细分市场和敏感度分析是三个重要环节，而这三个环节推进的基础就是大数据。

需求预测是通过对建构的大数据进行统计与分析，采取科学的预测方法，通过建立数学模型，使企业管理者掌握和了解潜在的市场需求，以及未来一段时间每个细分市场的产品销售量和产品价格走势等，从而使企业能够通过价格的杠杆来调节市场的供需平衡，并针对不同的细分市场来实行动态定价和差别定价。需求预测的好处在于可提高企业管理者对市场判断的前瞻性，并在不同的市场波动周期以合适的产品和价格投放市场，获得潜在的收益。细分市场为企业预测销售量和实行差别定价提供了条件，其科学性体现在通过市场需求预测来制定和更新价格，最大化各个细分市场的收益。敏感度分析是通过需求价格弹性分析技术，对不同细分市场的价格进行优化，最大限度地挖掘市场潜在的收入。

第六章

新经济下小微企业创新之道

第一节　新经济下小微企业创新特点

什么是“新经济”?“新经济”是指区别于以工业为支柱产业、以自然资源为主要依托的传统经济的一种新型经济。

新经济是伴随着新一轮科技革命和产业变革产生的经济形态。它的核心技术基础包含互联网+、大数据、云计算、物联网、智能化、传感技术等。新经济当前已经从技术变革层面拓展到企业运行、产业融合、社会生活、人类交往的各个维度，正在展现它推动经济转型升级和社会变迁进步的巨大能量。

新经济企业成为当下中国经济发展的重要亮点，原因主要有两个方面：第一，移动互联网技术的发展，技术驱动型的产品生产、商业模式层出不穷，政策的巨大支持；第二，中国在监管方面，适应了新经济发展，因此这些企业也经历了自由生长的过程。随着监管的完善，这些新经济企业将进入到一个规范的、阳光的发展期。

人民网与工业和信息化部电子科学技术情报所等联合发布的2016年第一季度《中小企业“互联网＋”指数报告》，通过对中小企业在“互联网＋”行业里的创业创新指数分析，发现新经济背景下小微企业中小企业创新呈现出四大特点：

一、主体小微化

数据显示，我国中小微企业占到企业总数的比例高达90%，其中2016年一季度北上深三地中小企业的创业投资事件占全国的六成。当前，随着云计算、大数据、物联网、移动互联网等新一代信息技术突飞猛进地发展，中小企业信息化也面临新的发展形势。面对全国体量庞大的中小企业，只有先进的互联网技术、信息技术才能给它们提供便利，包括设计、推广、咨询、培训、信息化的服务。

二、服务平台化

随着互联网行业的成长和规范，平台化正成为发展新动向，平台化生存也必将成为众多中小企业发展的根本。比如，猪八戒网旗下的八戒印刷、八戒财税、八戒知识产权等多项业务的核心都是基于共享经济的理念和平台化发展的本质。

三、敏捷性创新

“大众创业、万众创新”的关键在创新，只有不断提升创新能力，尤其是敏捷创新能力才能提高创业的成功率。而所谓的敏捷创新的难点——创新的市场检验，则随着互联网时代的到来，尤其是互联网金融浪潮的来袭，变得更为方便。

四、低门槛准入

在“互联网＋”时代，共享经济提供给了创业者更低的准入门槛。比如你是做SEO工作的，在积累了几年的工作经验后，也可以花200元搭建一个网站，做SEO获取点流量，这也算一种创业。互联网领域的创业门槛低、创业机会多等特点让不少创业者选择在互联网市场中一试身手，成为新一轮创业潮迅猛发展的重要原动力。

“互联网+”衍生出新兴模式，为创新创业带来新思维。随着互联网与企业研发设计、制造、销售等环节的深度融合，新的产品模式、服务模式、商业模式不断涌现，为创新创业提供新源泉。智能机器人、无人机、智能汽车、可穿戴智能设备等新产品，引发广泛关注，成为创业创新的重要风口。众创、众包、众扶、众筹等新平台，聚合人才、科技、资本等各方资源，成为创业创新的重要媒介。大规模个性化定制、场景式社交营销、零边际成本、线上线下融合、供应链金融等新理念，重构产业价值链体系，成为创新创业的重要灵感。

"互联网+"重构了创新体系，为创新创业提供了新要素。小微企业一方面敢于创新，各类新兴行业和新型业态不断涌现，另一方面又大多集中于以资源开发型、产品初加工型、服务低层次型为主的传统行业。

第二节　小微企业创新战略规划

一、中小企业发展的机遇和挑战

工信部《促进中小企业发展规划（2016—2020年）》（以下简称《规划》）正式发布，标志着全面推动中小企业创新创业将成为重点工作。《规划》从推进创业兴业、提升创新能力、推动转型升级、拓展内外市场、推进职能转变等五个方面提出了促进中小企业发展的主要任务，找准了促进中小企业发展的关键点和着力点，如把提高有效供给能力、"专精特新"发展、品牌建设、绿色发展、集群发展、协调发展作为"推动转型升级，改善供给"的关键点，把"专精特新"发展的着力点放在培育一大批"专精特新"中小企业、打造一批"单项冠军"上。

2020年7月30日召开的中共中央政治局会议指出，要加快形成以国内大循环为主体、国内国际双循环相互促进的新发展格局，以应对受世界经济低迷、全球贸易萎缩导致的我国经济社会发展面临的新困难和挑战。

“十四五”时期，国内外经济发展形势依然错综复杂。从国际看，世界经济深度调整、复苏乏力，外部环境的不稳定不确定因素增加，中小企业外贸形势依然严峻，出口增长放缓。从国内看，发展阶段的转变使经济发展进入新常态，经济增速从高速增长转向中高速增长，经济增长方式从规模速度型粗放增长转向质量效率型集约增长，经济增长动力从物质要素投入为主转向创新驱动为主。新常态给经济发展带来新挑战，而中小企业遇到的困难和问题尤为突出。

面对国际国内经济发展新环境，“十四五”时期，中小企业依然面临着较大的经营压力，资本、土地等要素成本持续维持高位，招工难、用工贵以及融资难、融资贵等问题仍有待进一步缓解，传统产业领域中大多数中小企业处于产业链中低端，存在高耗低效、产能过剩、产品同质化严重等问题，盈利能力依然较弱，转方式、调结构任务十分艰巨。

“十四五”时期，中小企业发展面临挑战的同时，也面临着重大机遇。随着改革的深化，新型工业化、城镇化、信息化、农业现代化的推进，“大众创业、万众创新”“互联网+”“一带一路”等重大战略举措的加速实施，以及《中国制造2025》的颁布实施，中小企业发展基本面向好的势头。通过深化商事制度改革，推进行政审批、投资审批、财税、金融等方面的改革，中小企业发展的市场环境、政策环境和服务环境将更加优化。以互联网为核心的信息技术与各行各业深度融合，日益增长的个性化、多样化需求，不断催生新产品、新业态、新市场和新模式，为中小企业提供了广阔的创新发展空间。

综合判断，“十四五”时期，我国中小企业发展仍处于大有可为的重要战略机遇期。要准确把握国内外发展形势，利用好国际国内两个市场、两种资源，抓住发展机遇，转变发展方式，提高发展质量，依靠创业创新开辟发展新路径，赢得发展主动权，实现发展新突破。

二、创新发展战略规划

（一）明确发展方向

首先，根据目前消费者的要求，充分结合自身实际情况深入探究国内产品的质量标准和国际标准，确保主导产品品质，逐渐形成品牌效应，运用自身优势获取消费者的认可，占领一定的市场，这样做对区域经济的发展也会起到一定的推进作用。其次，小微企业要审时度势，关注未来市场需求趋势，要重视对市场需求情况的探究工作，加快实现业务内容的转型和升级。在自身能力承受范围之内拓宽业务类型，丰富产品内容，提升产品附加值，尽可能地使产品和市场需求相贴近，这样做不仅能够促进企业持续稳健发展，而且一旦形成了规模对区域经济发展也有着积极的作用。

（二）打造核心竞争力

小微企业都可以搞专业化经营，只从事最终产品的某一个部件、某一个零件的生产，在专业化范围内做精做新。浙江苍南是我国最大的徽章生产基地，其铝制徽章生产有设计、熔铝、写字、刻模、晒版、打锤、钻孔、镀黄、点漆、制针、打号码、装配以及包装等10多道工序，最终产品由800多家中小微企业参与完成，每家中小微企业在自己狭窄的专业范围内做精做新。

（三）提高信息化水平

在经济下行压力加大的背景下，部分小微企业发展困难增多，而信息化技术的充分运用正是帮助小微企业克服当前困难最为有效的手段。信息技术飞速发展改变着我国传统经济结构和社会秩序，企业所处的不再是以往物质经济环境，而是以网络为媒介、客户为中心，将企业组织结构、技术研发、生产制造、市场营销、售后服务紧密相连在一起的信息经济环境。信息带动管理的转变对企业成长有着全方位影响，它将彻底改变企业原有经营思想、经营方法、经营模式，而是通过业务模式创新、产品技术创新，或对各种资源加大投入，借助信息化提供强有力的方法和手段实现企业发展，而这种模式能成功的关键是小微企业不同成长阶段与信息化工具的有机结合。

（四）充分享受优惠政策

近年来，政府部门针对小微企业相继出台了一些优惠扶持政策，也反过来促进了自身的招商引资。小微企业要获得政府、金融机构的支持，首先需要不断增强自身实力与信誉度，小微企业管理者要提高自身综合素质，建立一套比较系统与科学的企业管理模式来提高管理效率，增强自身市场竞争力。小微企业自身要密切关注政府各级有关单位出台的扶持政策，积极参与政策培训活动，多方咨询会计师事务所等一些专业单位，提前进行准备，同时配备专门人手负责优惠政策的研究与申报。另外，也可以通过强化企业的财务管理，比如根据金融机构及政府部门的要求建立一套有效的财务制定，形成完整规范的财务信息，提高自身的信用。

（五）拓宽创新要素的来源

对科技型小微企业来说，创新资源的短缺问题尤为突出，因此有必要采用开放式的创新模式来突破原有要素的制约，提升创新能力。

开放式创新模式是指有价值的创意可以从公司的外部和内部同时获得，其商业化路径可以在公司内部进行，也可以在公司外部进行。在创新链的各个阶段与多种合作伙伴开展多角度的动态合作。开放式创新的本质是外部创新资源的获取和利用，通过内外部创新资源的整合来提高企业创新绩效。在开放式创新体系下，创新将不再是一个简单的线性的过程，而是形成了一个复杂的反馈机制。企业必须在用户、供应商、竞争者、大学、研究机构、咨询公司、政府等的相互作用和相互影响中进行创新。因此在开放式创新过程中，企业将吸纳更多资源。产权明确性是我国小微企业与生俱来的特点，经营决策权高度集中于小微企业主或经营者手中，经营者的个人偏好和素质包括冒险意识、管理知识、经营能力等直接决定着小微企业的创新发展。企业家精神对小微企业商业模式创新具有显著的正向作用。企业家的前瞻性、进取意识、创新精神和“互联网＋”思维对企业决策和战略制定有着重要影响，能促进其商业模式的创新。企业家的个性特征和为人处事方式也会对企业文化的发展有着重要影响。

（六）走“专精特新”发展之路

1. 向专业化方向发展

小微企业要针对专门的市场或客户群体，利用专业技术或生产工艺，使其产品或服务在产业链的某个环节中处于优势地位，利用自身特色和比较优势，为大企业、大项目和产业链提供优质产品和服务。

2. 向精细化方向发展

小微企业要注重精细化生产、管理和服务，用美誉度好、性价比高、品质精良的产品和服务在细分市场中占据优势。

3. 向特色化方向发展

针对不同的消费群体，要采用独特的工艺、技术、配方或特殊原料进行研制生产，提供特色化、含有地域文化元素的产品和服务，形成具有独特性、独有性、独家生产的特点。

4. 向新颖化方向发展

小微企业通过持续投入、持续创新，拥有自主知识产权，树立新颖化理念，在样式、外观、规格、功能等方面加强个性化、艺术化等创意和设计，提供便捷化、人性化、细致化的产品和服务，以新产品、新服务满足需求，以新发明、新创造引领需求，通过技术、工艺、管理、服务的新颖化不断占据市场先机。

（1）健康产业大有作为

《“健康中国2030”规划纲要》指出，党中央坚持健康优先的原则，把健康摆在优先发展的战略地位，积极促进健康与养老、旅游、互联网、健身休闲、食品等产业融合，催生健康新产业、新业态、新模式。

目前我国的健康产业还主要集中在医疗和药品两个领域。其实，健康服务主要包括医疗服务、健康管理、健康保险等。2013年我国健康服务产业市场规模为3.74万亿元，2015年为3.8万亿，2018年增至7.27万亿元，2020年为8万亿。《“健康中国2030”规划纲要》定下明确目标，到2030年，健康服务业总规模将达到16万亿，比2020年翻一番，人均预期寿命2030年达79岁，我国康养产业发展空间不可谓不大。

2009—2018年中国健康服务产业规模复合增长率18.73%。根据国务院《关于促进健康服务业发展的若干意见》的发展规划，平均复合增速约为20%。美国的医疗服务、医药生产、健康管理等健康行业增加值占GDP比重超过15%，加拿大、日本等国健康产业增加值占GDP比重也超过10%，而我国这个比例仅为4%—5%，甚至低于许多发展中国家，提升潜力巨大。

截至2020年底，我国老年人口数量为2.64亿，预计2050年将达到4.8亿，人口老龄化对健康需求、关注、迫切度的提高，使得健康产业飞速发展。《“健康中国2030”规划纲要》指出，推进老年医疗卫生服务体系建设，推动医疗卫生服务延伸至社区、家庭。健全医疗卫生机构与养老机构合作机制，支持养老机构开展医疗服务。

（2）紧抓乡村振兴的机遇

十九大报告指出，农业农村农民问题是关系国计民生的根本性问题，必须始终把解决好“三农”问题作为全党工作的重中之重，实施乡村振兴战略。2021年中央一号文件《中共中央国务院关于全面推进乡村振兴加快农业农村现代化的意见》指出，到2025年，农业农村现代化取得重要进展，农业基础设施现代化迈上新台阶，农村生活设施便利化初步实现，城乡基本公共服务均等化水平明显提高；继续推进脱贫地区乡村振兴；强化现代农业科技和物质装备支撑；构建现代乡村产业体系；依托乡村特色优势资源，打造农业全产业链；推进农业绿色发展；推进现代农业经营体系建设，突出抓好家庭农场和农民合作社两类经营主体，鼓励发展多种形式适度规模经营，实施家庭农场培育计划，把农业规模经营户培育成有活力的家庭农场；加快推进村庄规划工作，加强乡村公共基础设施建设；实施农村人居环境整治提升五年行动，提升农村基本公共服务水平，全面促进农村消费；加快县域内城乡融合发展。

创新乡村建设战略，创设有地域特色、科技含量高、低耗能、无污染产业，以及高品质、高标准的产业。

5.加快科技创新

完善科技金融服务体系。通过整合科技支行、担保、小贷、创投、股权交易等科技金融资源，推动产业链、创新链、资金链“三链”融合，为小微科技企业提供一站式、个性化服务，实现科技资源和金融资源的对接和共享。

促进科研与生产的结合。企业在创业创新中建立的各种科研生产形式，通过各种联合、联营，使不少企业特别是中小企业有了技术依靠，增强了技术开发和技术创新能力。

6.做好创新创业方式的选择

常见的创新创业方式主要有专业经营化、相关多元化、寻找市场空隙、品牌经营、联合经营、特色经营、特许经营等。在选择方式时，要加强对其特点的分析，并在创新中以特点为依据，结合实际创新。

专业化经营的创新创业方式主要是将企业的优势集中，将有限资源投入到特定产品之中，抑或是采取细分市场的方式，集中经济和资源，专注新工艺技术和方法的创新，坚持走专业化和尖端化的发展道路，以达到创新管理方式的目的。

关于多元化，是相对于专业化经营管理方式而言的，其在安全性上较好，在成功率上较高，有助于协同作用的发挥和完善。在创新创业过程中，以多元化的视角引领企业的发展。

寻找市场空隙方面，是在创新中发挥自身规模小和经营灵活的优势，进入市场容量小发展前景大的行业中。

品牌经营方面，是指在创立企业品牌的引导下，推动企业的生产经营朝着品牌化的方向发展，对自身的市场不断巩固，加强无形资产的培育，致力于企业知名度的提升，达到提升企业竞争力的目的。

联合经营方面，主要是因为有的小微企业规模小，技术实力不足，所以联合其他企业，采取多元化的合作方式，借助各自的优势弥补对方的不足，达到“报团取暖”的目的。这一方式的创新，关键是要加强合作，注重市场信息调研和共享。

特色经营方面，是利用自身与市场和消费者相接近的优势，通过实施特色经营，突出产品与服务的风格和特色，达到吸引消费者的目的。其创新点是在特色上创新，同时秉承和保留产品与服务本身的特色，才能达到创新的目的。

特许经营方面，主要是获得大企业在产品、服务的某特定区域中的垄断与独立经营权利，在创新中始终以市场为导向，在产品质量和服务管理上做到更加优化。

不同企业之间难免存在差异，要在借鉴创新方式的同时注意与自身的共性结合，推陈出新，探索与自身发展相符的特色方式和发展道路。

第三节　新经济下小微企业生存之道

一、创新合适的商业模式

商业模式创新是企业创新中最具经济潜力的重要形式。商业模式创新者具有典型的先行者优势，包括资产先占、技术领先和买方转换成本等。商业模式创新企业也可作为高科技企业，享受相应的政府优惠政策。

从改变满足客户需求的方式入手。同样的需求配以不同的满足方式，导致商业模式的异同。某餐饮集团通过餐饮连锁模式现磨现卖豆浆提供给顾客，而某豆浆机生产企业则是以向顾客提供豆浆机的方式让其自己制作豆浆，两种不同的满足和提供方式，导致了两种不同的商业模式，甚至进入了不同的行业和领域。可见，企业在满足客户需求时从不同的满足方式着手，改变传统的提供方式，寻找一种新的满足方式，有可能给正在期望或有潜在需求的客户意外惊喜而令其无法拒绝，最终引发新的需求快速增长，催生新的商业模式爆发。

从行规造成客户的需求障碍入手。深挖本行业行规给现有客户带来的需求障碍，并想方法去消除这些障碍，或减轻、降低这些障碍的级别，进而提出新的价值主张，必然会先人一步，升级为领先的商业模式。

从改变企业价值生存方式入手。改变企业价值生存方式不仅适合产品竞争激烈的行业，同样适合新技术新产品的行业。新产品最初推向市场时研发成本高，导致价格较高，消费者难以接受或者对新产品没有足够的信心，造成买卖双方信息严重不对称，从而形成市场推广成本高、效益低的局面。因此，改变企业价值生存方式，降低客户购买成本，转变盈利来源和成本摊销方式，降低客户使用的风险，可能会出现柳暗花明的景象。

从利益相关者的困难入手。有时候企业商业模式创新仅从客户角度入手很难突破，甚至站在行业的价值链上来思考也一筹莫展。企业家及高管通过对商业模式创新来改变企业命运和前途的希望突然变得黯淡，思维一度陷入僵局，情绪也很低落，总是找不到出路。这个时候，不妨尝试从利益相关方入手看看。比如说它有何困难？它的深层次需求是什么？如何降低交易成本？交易关系能否转变？是否有新的利益保护机制？从利益相关方的角度去打开去透视，可能会发现另一片绚丽的天空。

二、寻找创新市场焦点

价格的焦点。价格普遍高，寻找低价格的方案；价格普遍低，创造高价格的消费升级；价格比较混乱，寻找特定人群，如高消费人群、老人、儿童等，定向输出确价。

产品或服务的市场缺失焦点。虽然很多行业的市场处于饱和状态，但依然有很多领域缺少产品或服务解决用户的需求。市场缺失的考虑规则是大众服务缺失，从生活中找到普遍性的需求，也可为现有的产品或服务进行消费升级，从而解决中高端市场的缺失。

路径的缺失焦点。路径的缺失，主要是市场信息不对称所引发的客户需求。考虑的规则是产品或服务很好，但是客户与产品之间没有搭建很好的路径，可以利用互联网平台解决路径问题。每一个产品都需要优化路径去让客户感知，围绕不同产品制定方案或产品的创新既可。

小众人群的需求焦点。互联网工具使网民之间的互动更加地频繁，从而形成了形形色色的社群文化。每一个社群都有自己的特点和需求。考虑的规则是进入一个社群，深入研究社群对哪些方面不满意，从而根据需求痛点研发创新。

案例5 孵化器里孵出金凤凰

徐文杰，安徽机电职业技术学院机械工程系模具设计与制造专业2012级学生，2014年自主创业“安徽省十佳大学生提名奖”。后来，怀揣创业梦想的徐文杰带着他的“振华精密模具”项目成功入驻了安徽机电职业技术学院安徽省AA级大学生创业孵化基地，开始了他艰苦创业的梦想首航。他把自己所学的专业知识和技能转化成创业的“资本”。他改进了一种电抗器，成功申请了专利。为了拓展市场，他在淘宝、阿里巴巴等电子商务平台尝试销售，大获成功。实体加网络营销的方式让他的项目不断壮大。2014年，他成功注册了自己的模具公司“安徽德米模具科技有限公司”，注册资金100万元，并成功吸收了一批大学生到他的公司就业。2014年7月，凭借着“电抗器自动化生产级进模”项目，他在“挑战杯——彩虹人生”全国职业学校创新创业创业大赛中获得全国三等奖，又在2014年10月第九届“发明杯”全国高职高专创新创业大赛（创业组）中获得了全国一等奖。为了获得更好发展，他又带着他的项目踏入了芜湖市弋江区机电科技园。因他的项目符合芜湖市产业发展战略方向，属于高新技术创业实体，具有较高技术含量和市场前景，他的公司获得了芜湖市科技创业项目最高等次资助10万元。通过两年多的努力，他的产品已经销售到了欧洲、日本、韩国等多个国家和地区。

展望未来，徐文杰最希望自己的研发团队能做大做强，逐步发展有自己的生产部门、研发部门、销售部门，以互联网为主线，以科技知识为基础，打造高科技精密产品。奋斗的人生最美丽，徐文杰以其自强奋斗、自主创新的精神不断感染与鼓舞着身边的每一个人，用毅力走出了创业之路，用青春绽放了创新之花，用实际行动诠释了当代青年学子的青春魅力。

三、把握创新速度化战略

“速度化战略”就是快，抓住机会，快速冲击，从而获得市场有利位置。商战如用兵，兵贵神速，唯快不破。腾讯当时有三个团队同时开发微信，谁先做出来，谁就上马。结果，张小龙成了“微信之父”，另两个团队无人知晓。其中一个团队，仅仅晚了1个月。小公司体量小就不要染上“大企业病”，不要整天加强内部管理、强化组织架构，战略应该是生存第一发展第二，在速度中把握准确率。所谓准，就是看得准。看得准有三层含义：一是看得准市场的前景；二是看得准竞争对手产品的弱点，提高自己产品竞争力；三是看得准自己的优势。小公司基础差底子薄，禁不起折腾，所以，任何重大决策都要看得清、看得准，不要错过了大好转型时机。面对强大的竞争对手，小公司没有实力硬碰硬，只有在巧字上下功夫，别出心裁。管理学中有一个韦特莱法则：所谓成功者，其与他人的唯一区别就在于，别人不愿意去做的事，他去做了，而且全身心地去做。

四、进入产业集群

通过资源共享、联合攻关、联手开发等方式，与大型龙头企业建立技术研发、技术合作、技术配套等协作关系，推动科技型小微企业进入产业集群及其产业链配套体系，既有利于解决单个小微企业研发力量有限的问题，又有利于形成技术集聚优势，进而逐步形成以产业链和创新链为纽带，大中小微企业分工协作、合作共赢的集群发展态势。

推动科技型小微企业集群发展壮大，使之不仅成为实体经济的重要组成部分，而且在适应市场竞争、大中企业孵育、优化企业结构等方面发挥引领作用。

企业是一个生命体，他的内部需要协调，需要自我更新的能力，需要汲取外部的能量，并且能够淘汰组织内部的臃肿多余的部分，只有这样，企业才能持续发展。总之，只有企业家重视自身能力的培养、重视人才、重视战略规划，才能积累自身的竞争力，才能在顺境或逆境的纷繁复杂环境中谋求发展。

第四节 小微企业与区域经济协同发展

小微企业与区域经济能够协同发展，可以有效实现各类资源优化配置。小微企业要持续稳健发展离不开交通、通信、水电等公共基础配套设施。如果区域经济发展缓慢，这些公共基础设施跟不上发展步伐，那么小微企业的发展就会受到一定的影响。小微企业的发展在一定程度上可以促进区域经济发展，吸引更多的资金、人力资源，促使各类公共基础配套设施得以进一步完善，充分实现各类资源优化配置。

有效实现小企业集群。小微企业与区域经济协同发展，能够提升区域的创新能力和竞争优势，衍生出区域内企业之间的交流与合作机制，有利于小企业集群的形成。小企业集群的形成能够发挥规模优势，明确产业分工，间接起到推进区域经济进一步发展的作用。

有助于良好政策环境的形成。小微企业与区域经济协同发展能够使该地区经济发展态势趋向良好，也有助于提升政府对小微企业发展的关注度，充分认识到小微企业对经济发展的巨大贡献，运用行政力量来帮助小微企业，完善小微企业的服务体系，促进包括小微企业在内的区域经济良好发展。

如何实现小微企业与区域经济协同发展，可以从以下几方面考虑。

一、明确发展方向

首先，小微企业应当充分结合自身实际情况深入探究国内产品的质量安全标准和国际标准，确保主导产品品质，逐渐形成品牌效应，运用自身优势获取消费者的认可，占领一定的市场，这样做对区域经济的发展也会起到一定的推进作用；其次，小微企业要审时度势，关注未来市场需求趋势，重视对市场需求情况的探究工作，加快实现业务内容的转型和升级。在自身能力承受范围之内拓宽业务类型，丰富产品内容，提升产品附加值，尽可能地使产品和市场需求相贴近。这样做不仅能够促进企业持续稳健发展，而且一旦形成了规模，对区域经济发展也有着积极的作用。

二、发展小众经济

大众经济往往追求规模化、标准化、产业链一体化。小众经济追求的不是产量，而是个性化和高贵品质。推进产业高质量发展要走出片面追求规模扩张的误区，要更加重视小众型产业和特色竞争优势的培育，打造特色产业发展的“限量版”“多剧种”“连续剧”，防止“增产减收”价贱伤企。

三、加强相互沟通交流

小微企业由于资金上的局限性导致其技术创新工作受限，但是同行业具有发展潜力的小微企业都有自己的技术优势，如果这些小微企业能够通过加强沟通交流，取长补短，就有可能在技术创新上有所突破，实现双赢。政府也要科学合理地监督和评价小微企业技术创新交流成果，采取一定措施控制和防范恶性竞争情况的发生，对一些不法分子要给予严厉惩罚，尽可能地营造一个良好的沟通交流环境，实现小微企业与区域经济协同发展。

四、提升企业的信息化水平

所有小微企业都要投入一定资金用于自身信息系统的优化和完善。在硬件方面，小微企业适当更换一些过于滞后的设备，确保设备能够与其所使用的经营管理软件相匹配；在软件方面，邀请软件公司的专业技术人员定期对系统进行维护和升级，尽可能地实现与时俱进，为实现全面的战略发展规划和管理提供一定保障。从宏观角度出发，这也是间接推进小微企业与区域经济协同发展的一项有效措施。

五、改善融资环境

改善小微企业融资环境主要从拓宽融资渠道以及完善信用担保体系两方面入手。第一，拓宽融资渠道。政府相关部门应当帮助小微企业寻求更适合其发展的融资渠道，在考察此类企业的规模、发展潜力、品牌以及经营管理状况之后，系统、全面地对企业进行评估，根据评估结果积极为其联系相应的金融机构，起到一个“桥梁”的作用。第二，完善信用担保体系。政府相关部门应当尽快完善针对小微企业的信用担保体系，设立政府专项信贷风险资金。这样不仅能够提升银行对小微企业信贷扶持的信心，而且还能够起到降低银行对小微企业授信风险的作用，在推动小微企业健康发展的同时也实现了区域经济的发展。

六、建立企业运行监测体系

工商、税务、统计等部门要加强协作，建立中小微企业运行监测体系。支持各级小企业部门运用大数据、云计算、移动互联网等信息化手段和方式，建设小微企业大数据平台，通过政府购买服务方式，开展课题研究、重点监测、动态调查、手机直报等工作。支持用于小微企业运行监测的办公设备等的硬件更新、软件开发维护，支持统计监测人员培训等。

第七章
小微企业创新创业类型与创业模式

第一节　小微企业创业类型

一、传统技能型、更新技术型和服务型

根据创业技能，小微企业创业分为传统技能型、更新技术型和服务型。

传统技能型创业是利用传统技术进行的创业，比如创业者利用在工艺美术品、酿酒、餐饮、饮料加工、食品加工、服装等行业中拥有的独特技能，使其创办的企业拥有核心竞争力，具有获取利润的基础。

更新技术型创业是采用知识、科技从事知识密集型项目创业。技术的转移和学习、利用孵化器孵育的技术创新非常重要，这是新创企业的技术基础，如利用微电子和电子信息技术、空间技术、航空技术、机电科学、生命科学、生态科学等。

服务型创业是以各类咨询服务的方式进行的创业活动，比如，会计师事务所、律师事务所、管理咨询公司、广告公司、交易中介等。服务型项目具有投资少、见效快、周期短的特点，属于知识密集型创业。

二、摊贩型和居家型

按照个体创业工作地点，小微企业创业可分为摊贩型和居家型。

摊贩型创业。消费者对于摊贩绝对不会陌生，此种经营模式通常会出没在人群聚集的地方，如夜市、风景区、车站等。主要类型有两种，一种是以摊车的形式出现，所售商品以餐饮为主，如熟肉杂食、早点等；另一种则是用大布巾或大箱子，将商品摆在地上或特定的地方陈列出售。

此类的商品包罗万象，衣服、发饰、眼镜、皮具等都有。要加入摊贩的行列，耳聪目明、身手敏捷、口若悬河是必备的条件。不过摊贩经营相当耗费体力，而且要注意流行性，因此除非所卖商品是以本人手工生产的商品为主，否则从事摊贩这行业还是身强体壮的年轻人比较适合。

居家型创业。新经济时代的居家创业适合各种年龄层次。居家创业最主要的特色就是以家为工作地点，独立工作，不隶属于任何组织，可以不为任何雇主做长期承诺。时间灵活，独立，不受外界干扰，工作生活兼顾。居家创业主要类型有家政、图纸设计、网络课辅、才艺班等。居家创业信誉很重要，一定要有足够的专业技术，自己去开拓客户，有积极乐观的态度。

居家创业的缺点是不像一个公司那样可以给人一个正规的商业形象，因为家庭地址会让客户感觉不专业。居家创业需要谨慎地安排家中的空间，使其符合商务上的需求，与客户见面尽量安排在对方的办公室或租借一个会议室，保持你的专业形象，尽可能地参加商会或一些专业协会，扩展人际关系网络。对于本身的惰性要有足够的克制力，避免被家中娱乐设施、家人的嬉笑玩闹所诱惑而耽误工作。

三、薪水替代型和生活方式型

按照个体创新创业程度，小微企业创业有薪水替代型和生活方式型两种。

薪水替代型企业向顾客提供易于获得的普通产品或服务，不具有特别创新性。如干洗店、便利店、餐馆、会计师事务所、零售店和发型设计沙龙等。绝大部分小企业属于这种类型。

生活方式型企业提供企业所有者追求特殊生活方式的机会，同时能够谋生，如滑雪教练、职业高尔夫球手和导游。这些企业没有创新性，也不能快速成长。一般来说，生活方式型企业瞄准特定体育活动、业余爱好或娱乐活动等，它们可能只是所有者自己或雇佣很少的人，比如主题假日学校，凡是与中小学生的德、智、体发展有益的事情都可以办主题鲜明的假日学校。再比如婚礼化妆司仪，婚礼经济是长盛不衰的，又总是与双休日捆绑在一起的，服务内容很多，不限于化妆和司仪，任何一个单项都可以独立打造自己有特色、有创意的服务内容，只要品质优秀，都是许多专业公司是求之不得的。

四、加盟创业和概念创业

根据个体创业的核心要素看，小微企业创业有加盟创业和概念创业之分。

加盟即特许经营，是一种基于特许协议的地域上的扩张，采用已被证实的成功模式并将其向外拓展。创业者可以是特许人，也可以是受许人，以合同约定的形式，允许以许可人的名称、商标、专有技术产品及运营管理经验等从事经营活动。加盟者自己不必探索新事业的路子，只需支付一定的加盟费，就可以经营一个知名的品牌，并长期得到特许者的业务指导和服务——分享品牌、分享经营方法、分享资源等。对于加盟者，风险小，容易管理；对于特许商，短时间迅速扩大公司规模并获利。加盟成功的关键因素：选择适合自己的特许品牌；选址是非常重要的一环，要小心挑选，宁缺毋滥；善用总公司的资源来配合业务的发展，比如广告、印刷品、培训等；合同切勿草率。受许人通过支付相应的加盟费减少创业失败的风险，是创业企业起步最广泛的形式之一。特许经营是麦当劳在全球市场取得成功的关键因素。结合麦当劳的专业培训、完善的供应商体系以及被特许人对市场的深入了解，推动了麦当劳在世界发展，实现多方共赢。

概念创业是创业者将自己的一些省时、省力的好创意转化为产品，从而打开新的市场。各类平面设计工作就属于概念创业，比如广告、宣传画、书皮、商标的设计等。这种创业很多人感兴趣，重要的是能够拿出自己有创意的成果。

五、白手起家、依附创业和兼职创业

根据创业方式，小微企业的创业分为白手起家、依附创业和兼职创业。

（一）白手起家

很多的创业者为了追求自己的财富理想，达成自己的人生目标，而选择了自主创业，从白手起家一步步做起，为自己的人生而奋斗，这是值得称赞的。但是，白手起家的创业者也需要掌握一些技巧，避免创业失败。那么作为刚刚创业的人来说，到底该如何进行创业呢？

1.小成本创业

对于白手起家的创业者来说，由于没有足够的资金来支撑自己的事业，所以要选择一个成本投入较小的创业项目来做，不能好高骛远，投入太多。

2.没有行业门槛

选择的创业行业，应该没有比较高的技术门槛和行业门槛，对于很多的创业者来说，都可以有所作为。

3.有业务经验

对于创业者特别是初次创业者而言，创业的项目最好自己比较熟悉，有一定的实际经验，进行过系统研究的，这样做起来会顺利一些。

4.寻求外部投资

创业者最害怕的就是资金链断裂，因为一旦没有足够的周转资金，创业项目就很难继续下去。所以，可以提前做好引入外部投资的准备。

5.与人搭伙创业

正所谓“一个好汉三个帮，一个篱笆三个桩”，白手起家创业尽量避免单打独斗。一个人风险太大，毕竟个人的资金和资源有限，可以与人搭伙一起创业。

6.有自己创业规划

创业者一定要有自己的创业思路，比如创业前期的准备，创业中期的事情，甚至创业后期的善后。创业者要提前规划好发展路线，这样才能有的放矢，不至于慌忙应对。

（二）依附创业

“依附”是一种寄生，在帮助平台实现战略的过程中完成自己的资本积累。依附大型企业创业，创业者可以借助现成的商业模式，在一定程度上规避独立创业中可能出现的挫折。

依附式创业作为一种创业形态，为普通人开启了创业的大门。依附式创业之所以适合普通人，因为它没有资金要求，没有技术门槛，没有时间限制，没有失败风险。分辨一个机会是否能称之为依附式创业，可以从以下几个方面去区分：

第一，所依附的企业是否稳定。如果依附的企业太小，抗风险能力差，那么企业能否长久存在都是问题，更不可能保证给予我们依附式创业者持续的回报。即使公司能够长久存在，如果其经营策略多变，那么我们的付出则很有可能因为企业经营策略的变化而化为乌有。因此依附式创业选择的依附企业必须抗风险能力强，且经营策略稳定。

第二，创业是否安全。舍弃了话语权，就需要有相应的回报。安全性就是依附企业应给予依附式创业者的回报。安全性指依附式创业机会要对依附式创业者而言无资金风险，无信誉损失风险。

第三，付出能否累积。不工作就没有工资，付出就要有累积。而创业则是今天“我”为建设系统付出，明天系统为“我”赚钱，“我”付出得越多，赚得越多。收入取决于过去所付出的总和，不会因为“我”不再付出而没有收入。

（三）兼职创业

兼职创业是在已有工作的基础上进行二次工作。兼职创业也就是选择一个商业项目来起步、操作。普遍来说，适合边打工边创业的项目规模都比较小，但再小的项目也是个创业项目，独立运作的创业项目。既然是创业项目，就得按照商业规律办事，需要操作者具备一定的商人特质和相关条件，否则就变成商海大潮中的牺牲品或垫脚石。具体需要哪些条件才适合去边打工边创业呢？兼职创业需要注意以下几个方面：

1. 是否具备商业心。有什么样的心态做什么样的事，做商业自然得要具备商业心态，那么这个商业心态是由哪些因素构成的呢？简单点来说，就是得了解商业的本质在哪里，商业过程与目标结果的关系。商业的根本目的是赢利，所谓的市场选择、产品、项目、运营方式等都是过程和工具而已，一切都应该要以实现赢利为最终目的来运作。

2. 各类资源。边打工边创业多为小成本起步，各方面的启动预算都比较有限。而在起步阶段又是各方面资源耗费的最大时期，就必须考虑借助各方面的人脉力量，以此降低成本，提高工作推进效率。特别是在市场调查、产品储运、客户开发、借壳运行、手续注册等方面，在准老板所涉及的每个环节，最好都有一定的资源存在，这样才能最大限度地保证创业的成功率和稳定性。

3. 责任很强压力很大。出于成本及业务量的考虑，边打工边创业的初级阶段没法也没有必要来直接招聘员工，许多具体的工作都得准老板自己亲自出马。这就需要准老板能够平衡好份内工作与创业之间的关系。

4. 如何开支费用。创业初期，除去基本的进货资金及必备的固定费用外，商业运行还要涉及各式各样的维护性开支成本，例如交通工具成本、通信工具成本、办公设备使用成本、资讯来源成本、客户开发成本等。创业初期，资金本身比较有限，利润短期内又见不着，各类开支成本完全要自己承担，难免显得很吃力。在这个问题上，创业者的准备就得更充分。

5.学习与人打交道。做生意就是要与人接触，与人打交道。这些人包括零售商，渠道商，消费者等。当然，与这些人打交道是要有前提条件的，例如，得有个合适的平台才能接触到你想要接触的人，得有交往的时间和空间条件，与客户交往难免得产生一些费用等。所以，准老板们得想好，面对那些你将要接触的人，相关的辅助条件是否都具备了。

另外，根据创业的主体不同，创业可分为大学生创业、农民创业、失业人员创业、退休人员创业、辞职者创业、残疾人创业等。

第二节　小微企业生存型和机会型创业创新

按照个体参与创业的动机，小微企业创业创新可以分为生存型和机会型。

创业者的机会动机导向是指创业者为追求商业机会而从事创业活动，不是仅仅把财富作为唯一的目标，而是更加看重个人的理想和价值实现。相反，创业者因为没有其他更好的就业选择，或者对现有的工作选择不满意而进行创业活动的，我们称之为生存动机导向的创业。这部分创业者往往从事技术含量相对较低的创业工作，将追求财富作为重要目标，并较少地将创业与自身的理想实现相关联。

机会型创业是当前小微创业的主流。GEM（全球创业观察）在2001年的报告中第一次提出了生存型创业和机会型创业的概念，是依据创业动机对创业所做的一种分类。机会型创业所占比重较小，大约在10%。创业起点较高，创业资金充足，创业者技术成熟，文化水平高，企业社会效应明显。中国创业者的创业动机已经完成了从生存型向机会型创业的转变。2002年，中国的创业类型结构是生存型创业占60%，机会型创业占40%。从2005年起这种结构发生了逆转，之后一直保持逆转的势头。2007年的数据测算表明，生存型创业占39.6%，机会型创业占60.4%。这种转变标志着中国的创业活动在向机会型创业发展，而且这样的转变基本得到确立。

清华经管学院中国创业研究中心发布的《全球创业观察2018/2019中国报告》显示：中国创业者中最为活跃的群体是25—34岁的青年；创业动机以机会型为主，占到总体的60%以上，并持续提高；城市地区创业者中机会型创业的比例为67%，而农村地区创业者中机会型创业的比例为61%，城乡比例均超过生存型创业创新。

一、机会型创业与生存型创业的区别

（一）生存型创业特征

“生存动机导向型”创业者相对于机会导向型的创业者来说，更加看重的是如何快速用最小的成本获得最大的利润和获得自主自由的工作体验。他们经营上相对保守，并倾向于规避由于环境的不确定而带来的风险，对政策环境的要求相对较低。生存型创业从事的是技术壁垒低的行业，多从事低成本、低门槛、低风险、低利润行业，对就业的带动效应相对较小。

（二）机会型创业特征

机会型创业是为追求更大发展空间，通过新产业的开拓实现对新市场的开拓的创业形态，呈现出创业起点高、对经济社会的推动力大、市场空间大、造就的就业岗位多、利润高、风险大等特征。

这类企业产品技术科技含量高、成长速度快，创业者要具有较高的心理素质、较强的创业抱负，拥有较多的社会资源以及较高的机会感知能力和创新手段。这类企业属于成长型企业，其发展潜力及提供的就业岗位质量也较高，有利于经济发展方式转变。

表7-1　生存型创业与机会型创业的特征比较

类　型	创业动机	行业偏好	资金状况	创业者受教育程度	承担风险意识	创业所处阶段
生存型创业	生活所迫，满足现状，小富即安	消费者服务业：零售、餐饮、家政服务等	以独资为主，缺乏资金	初等或中等教育，少数高等教育	规避风险	初始创业阶段
机会型创业	职业选择，把握机会，做大做强	商业服务业：金融、保险、咨询等	以多种方式融资，资金充足	多数高等教育	勇于承担风险	二次创业，连续创业

二、影响创业动机的主要因素

创业者个人特征对机会型创业与生存型创业的选择有着显著影响。一般来说，年龄在25到44岁之间的人更有可能进行机会型创业，而年龄在45到54岁之间的创业者，生存型创业的比例明显高于机会型创业。另外，学历高低与机会型创业比重呈正相关，与生存型创业比重呈负相关。

创业投资回报与创业风险成正比。生存型创业者比机会型创业者更惧怕风险，机会型创业者往往能够承受较高的风险，期望更高的投资回报。

就创业壁垒因素看，生存型创业者更多地受到创业资金的限制，同时，由于本身受教育程度较低、人力资源相对缺乏，更多地主动回避技术壁垒较高的行业。而机会型创业者拥有更多的创业资金，更关注新的市场机会。

就创业资金来源看，机会型创业者能比生存型创业者获得更多的贷款资金和政府支持，生存型创业者的资金主要来源于个人和家庭自筹。

机会型创业的意义相比于生存型创业更大。机会型创业不仅能解决自己的就业问题，而且能解决更多人的就业问题。另外，机会型创业着眼于新的市场机会，拥有更高的技术含量，有可能创造更大的经济效益，从而改善经济结构。无论是从缓解就业压力还是改善经济结构的目的出发，政府和社会都应该更加关注机会型创业，大力倡导机会型创业。

三、机会型创业创新趋势

创业教育应建立在正确识别创业类型并树立培养目标的基础上。机会型创业比生存型创业层次高，会创造更多的收益，所以创业人才的培养目标应定位于机会型创业人才的培养。

我国对知识产权保护的重视程度在不断提高，高成长型创业活动受到重视。与其他国家相比，我国政策向高成长型创业活动不断倾斜，把潜在高成长性作为选择创业支持对象的标准。

机会型创业将成为年轻人创业活动的主流。近几年，不少地方大力发展现代服务业和先进制造业，加快社区和新农村建设，政府加大扶持创业的力度，出台了一系列融资支持、场地扶持、能力提升等方面的政策，这些都给创业者提供了很多创办微型企业的创业机会。

四、机会型创业创新模式

创业模式决定企业质量和发展前景。创业模式是由低层次到高层次动态演进的。有些创业者因受到外部激励而决定创业，接着搜索并识别机会，然后创建新企业。有些创业者则受到内部激励，先识别出现实问题或未满足的需求，从而通过创业来解决问题并满足需求。

（一）复制型创业

即在现有经营模式基础上进行简单复制的创业。如某人担任某公司主管，后来他自行离职，创建了一家与原公司相似的新公司，利用积累的行业资源，从事和原公司相近的业务。由于创业者积累了大量行业人脉资源和生产经营经验，从而使得新组建公司成功的可能性更高。对大部分创业者而言，他所从事的仍旧是原先熟悉的工作，但可以为市场创造新的价值，而且通过和原来的公司竞争，往往能为消费者带来更多的实惠。很多创业者通过这种模式完成了第一桶金的积累，以及个人管理运营经验的积累，为进行更高水平的机会型创业奠定了基础。

（二）模仿型创业

即创业者跳出自己过去的经营范围，模仿国外或者其他行业的模式进行创业。有的模仿型创业一开始技术创新的成分并不算太高，仅仅是引入已经在其他地区获得成功的商业模式到自己的区域和行业运营。一旦成功，对创业者本身命运的改变还是很大的。如现在很多汽车4S店学习国外互联网趋势，组建团队成立汽车后处理网络公司，就是一种模仿型创业。相对来说，这种创业具有较高的不确定性，学习过程较长，经营失败的可能性也比较大。

（三）开创型创业

开创型创业将极大地改变创业者个人命运，创业者将从事一项全新的产品经营，个人前途的不确定性也很大。同时，由于没有效仿对象，将面临较高的失败可能性，然而一旦成功，创业者有可能改变一个行业的格局，乃至对人类生活产生巨大的影响，因此这种创业预期回报也很高，对那些充满创业精神的人来说更富有诱惑力。风险投资也特别偏好追逐这样的企业者，一旦成功投资一个这样的项目，往往能获得几十倍乃至百倍的回报。但这种类型的创业需要创业者具有天时、地利、人和的条件，可以说仅仅凭个人能力和努力是不够的，还需要借助外力。

第三节　互联网时代流行的几种创业方式

一、团队创业

具有互补性或者有共同兴趣的成员组成团队进行创业称之为团队创业。如今，创业已非纯粹追求个人英雄主义的行为，团队创业成功的概率要远高于个人独自创业。一个由研发、技术、市场融资等各方面组成的、优势互补的创业团队是创业成功的法宝，对高科技创业企业来说更是如此。人多力量大，选择和自己志同道合的创业者一起创业越来越受到欢迎。从另一方面来讲，团队创业成功的概率要远高于个人独自创业。不管有什么困难也能大家一起承担，创业会更加轻松。管理者如何带领团队，让团队最大限度地发挥作用是最重要的。

（一）知人善任

所谓术业有专攻。团队每个人都有自己所擅长和短板的地方。所以，在一个团队里，管理者应该具备知人善任的能力，针对团队成员的技能水平和专业特长分配工作，让队员扬长避短，最大限制地发挥每个成员的潜能。

（二）善于沟通

善于沟通是管理者带领团队的一个重要能力，特别是在科技迅猛发展、知识日益更新的状态下，要想让团队往良好的方向发展，管理者应该学会与团队成员沟通，让更多的团队成员参与项目，表达他们的想法，让他们拥有话语权，共同努力实现企业目标。

知识和信息也是团队有效运作的基础。通过团队成员参与项目讨论掌握必备的知识和团队内外的信息后，管理者要充分挖掘每一个人的潜力，发挥所有人的聪明才智。

（三）控制情绪

人都有七情六欲，会受到外界的影响而情绪波动。但是，作为一名团队管理者，要想带领好团队，自控情绪能力一定要具备，特别是失落、愤怒等负面情绪，一旦表现出来会给团队带来负面影响。所以，不管团队如何，都应该学会控制自己的情绪。

（四）善于协调

团队成员都有自己的个性，有的人急功近利，有的人淡泊名利。团队工作中，有矛盾是不可避免的，所以需要管理者善于观察、洞悉团队成员间的相处情况，如有矛盾发生，需要第一时间把矛盾扼杀在摇篮里，不可蔓延。同时，也需要管理者从不同角度、不同层次上进行协调，让团队成员之间的相处变得更加和谐，这样也有助于整体工作的开展。

案例6 同一个梦想，同一片蓝天

骆鹏是安徽机电职业技术学院电气工程系3131班的学生。因为热爱科技、热爱蓝天，骆鹏和三五个志趣相同的同学为了同一个梦想走到了一起。云翼科创成立于2014年10月份，主要业务范围是青少年航空模型培训以及模型器材的销售和代理。近年来，航模比赛在国内掀起一股热潮，越来越多的中小学生报名参加，学校和家长也十分重视孩子们的兴趣、动手能力以及科技创新能力的培养。城市青少年科技活动在芜湖快速发展，青少年模型兴趣班的市场需求也是稳步攀升。骆鹏瞄准了这一市场，将科技创新进行到底。

于是他和几个小伙伴开始创业之路。他们的业务涉及航模、教育机器人及其配件的设计、开发、制作、销售，无人机开发、销售和应用，航拍测绘，空中监控，青少年科技创新培训等。

为了不断提高技术水平，迎合市场需求，骆鹏带领他的团队不断进行技术改进和创新。他们开发的航拍飞行器，其内部装有先进的计算机飞控、姿态传感、无线电数据传输、GPS定位、自助驾驶、图像传输和摄像机云台遥控伺服系统等装置，以遥控飞行器为空中平台，使用GPS辅助定位、微波电视信号传输、计算机影像处理等多项技术融合，是一部装备精良的“飞行电脑”。

二、网络创业

互联网时代可有效利用发达的网络资源。网络创业除了要对计算机、网络运用有基本的认识之外，销售的商品也要有独特性和吸引力。

网上开店。网购经济非常繁荣，网络上开店不需要店铺租金，不需要装修成本，不需要人来守着店子，打理方便，很大程度上为创业者节省了店铺成本和人力成本，受到了不少创业者的青睐。开网店最典型的淘宝开店，虽然已经流行了很多年，但仍然是很多人选择的一个方式。如女性用品行业就受到创业者青睐，据权威机构统计，2002年，中国女性用品销售总量超过800亿元人民币，并以19%的年增长率节节攀升。目前女性衣服、用品及儿童用品在网络上销售成绩最好。

网上加盟。初创业的时候可能由于没有经验，会面临各种各样的问题。为了稳妥发展，创业者首先加盟品牌。加盟的品牌商会对创业者进行培训，提供技术设备，传授经营策略和技巧等。

App创业。移动营销盛行，企业App需求剧增，App行业的创业队伍正在发展壮大。App创业有App开发和App代理两种，前者在具备技术、资金、人力、人脉、资源等条件的基础上，组成专业的App开发团队，为企业提供移动营销解决方案。后者为更直接简单的创业模式，通过加盟专业的App开发平台来进行移动创业，如加盟凌云App开发平台为企业制作App、微网站。这类属于低成本创业，也是目前移动创业中较为流行的一种方式。

三、兼职创业

在自己工作之余，根据自己的兴趣爱好或者是能力找一些兼职来做，这也是一种创业。比如，公司设计师可以成立自己的工作室，业务员可兼职代理其他产品销售，编辑撰稿人可朝媒体、创作方面发展，翻译可兼职口译、笔译，律师可兼职法律顾问和事务所，策划师可兼职广告、品牌、营销、公关咨询等业务。

案例7　兼职创业也要抓住机遇

郝勇创业前在刚察县工作，因为工作关系，他经常去牧民家。当时，牧民家中晚上大多只能点蜡烛、油灯照明。在一次太阳能光伏应用技术推广会上，敏锐的郝勇觉察到，这项技术如果能够得到大面积推广应用，对生活在牧区的老百姓来说会是一件大好事。

当时，青海光伏产业的发展还没有形成规模。看准这个充满前景的市场，郝勇凭着初生牛犊不怕虎的勇气，拿着两万块钱在西宁火车站附近租了一间办公室，开始了兼职创业。既没有宽敞的办公场所，也没有强大的合作团队，当时就是一个小作坊，但郝勇始终坚信，太阳能光伏产品一定会受到牧区群众的欢迎，一切都只是时间的问题，而他要做的，就是不断研发出节能、实用、对百姓有价值的产品。从最初简易的家用光伏电源系统，到如今的光伏供水系统、太阳能LED路灯，经过十多年不断研发，目前郝勇创立的“月光”品牌已经拥有了两项国家专利、两项实用新型专利、两项国际专利。这些专利，不但带给“月光”丰厚的经济回报，也给很多牧民家庭送去了光明。

四、大赛创业

利用各种商业创业大赛，获得资金提供平台，如Yahoo、Netscape等企业都是从商业竞赛中脱颖而出的，因此这类比赛也被形象地称为创业“孵化器”。这种方式在现在的高校创业者中运用比较广泛。大学生有了一个创业的好项目就做好策划等方面的准备，从学校开始一步步向省级乃至国家级进军参加比赛，获得奖励资金和平台支持。

五、概念创业

“概念创业”是凭借创意、点子、想法创业。当然，这些创业概念必须标新立异，至少在打算进入的行业或领域是个创举。只有这样，才能抢占市场先机，才能吸引风险投资商的注意。当然，这些想法还必须具有可操作性，而非天方夜谭。

第四节 大学生创办小微企业的基本模式

大学生是创业队伍中的特殊群体，他们虽然拥有丰富的科学知识、敢于尝试的精神，但受到经验阅历、经济实力等方面的限制，他们的创新创业不可能像其他人那样激进，需要稳妥以积累信心，从小微企业起步以积累经验。

一、创业创新模式

（一）积累演进模式

积累演进模式是指大学生在实现就业的同时积累资本和经验，由个人或几个人组成的创业团队白手起家，完全独立地创业，属于典型的个人创业。这类创业行业主要集中在百货零售、餐饮、化妆品、服装、图书批发、家具、眼镜、乐器的经营上。这种创业模式的资金需求较小，创业者可以通过自己前期的兼职积攒、向亲朋好友借债或在政策范围内获得小额贷款的形式筹集。在管理上主要是采取自我雇佣的业主组织形式，产权关系上以个人独资或合伙投资经营为主，在经营取得成功、发展到一定规模的时候，就成立具有法人地位的股份制小型公司。这种创业模式投资小，面临的不确定性小，可以稳打稳扎，步步为营，逐渐积累壮大，成功率较高。

（二）连锁复制模式

这种模式是指大学生以加盟直营、区域代理或购买特许经营权的方式来销售某种商品或服务的创业活动。加盟的行业主要是百货零售、餐饮、化妆品、服装等技术含量不高而用工较多的行业。资金筹集上一般是由个人独资或几个人合伙出资，组织管理上实行按总店或中心的统一模式自我雇用、自我管理，并且能分享经营诀窍和资源支持，长期得到专业指导和配套服务。这种创业模式由于有经营管理上现成的模式可供直接采用，可充分利用特许企业的品牌效应减少经营风险，享受规模经济的利益，被称为是“站在巨人的肩膀上”的创业。

（三）分化拓展模式

这种创业模式是指大学生首先加入某高新技术或商品流通企业，成为该企业的骨干员工，然后利用企业内部创业的机会来实现自己创业理想的行为。一些大学生发挥自己的专业特长，迅速成为公司的骨干，而这时公司恰好准备变更发展方向，由公司投资委托骨干员工来负责新业务或新项目。作为骨干分子，在资本、经验、人力资源发展到适当程度并判断有更好的商机出现时就脱离原公司集团，以自己个人积累的资金为主体，创建新的法人企业。创业者在参照原公司集团经营管理模式的基础上，根据自己的偏好做进一步改进。这种创业模式可以依托原公司客户关系网扩大业务，创业风险较小，成功概率较高。

（四）技术风险模式

这种创业模式是大学生将自己拥有的专长或技术发明通过“知本雇用资本”的方式发展成企业。创业的大学生具备了某一专业、技术特长，或成功研制了其项新产品、工艺。但要创建企业需要高额资本，而学生往往由于缺乏信用担保，难以通过信用机制从外部筹措大量资金，于是他们就以技术、专利、其他智力成果做资产估价，吸引有眼光的公司提供风险投资基金来创建企业。技术风险模式创业主要集中于电子信息、生物技术、高科技农业等技术含量高、知识密集型的行业。经营形式上采取股份法人公司制，管理上十分强调企业家精神和团队精神。它是技术与风险资金的结合，不确定性程度高，风险大。

案例8　在大赛中磨炼，在创业中创新

安徽机电职业技术学院工业设计专业2011级学生杨杰，凭借着十余项专利，先后获得全国高职高专“发明杯”大学生创新创业大赛一等奖、安徽省首届“互联网+”大赛金奖、安徽省“双创之星”、芜湖市创业大

赛冠军、芜湖市经济人物暨芜湖市创业富民先进典型等荣誉，并获得芜湖市政府部门奖励的奇瑞汽车一辆以及科技型创业扶持资金20万元。经过一系列大赛的磨炼，他创建了芜湖市巨能百利网络科技有限公司，成为安徽远东网络科技有限公司总经理。公司主要围绕建筑智能化工程设计、智能停车场管理系统、楼宇设备自控系统、智能灯光音响控制系统等项目设计、研发工业产品及模型。他的创业创新先进事迹在《中国日报》、人民网、新华网均有报道。

（五）模拟孵化模式

模拟孵化模式是大学生受各种创业大赛的驱动和高校创业园区创业环境的熏陶、资助、催化而进行的创业活动。许多高校举办了各种各样的创业大赛，参加大赛的大学生在创业大赛中熟悉了创业程序，储备了创业知识、积累了创业经验、接触和了解了社会。同时高校纷纷建立科技园区或创业园区，园区中的科技创业基金中心或大学生创业投资公司对经过严格评估的优秀参赛项目进行股权形式的投资，建立股份制公司，并且定期对投资项目进行评估，实行优胜劣汰，对项目进行创业催化。创业者可以得到政策的支持和创业园区的各项帮助，包括专家的培训和指导，免费的办公场所，公共文秘、财会、人事服务，咨询、辅导、评估和项目管理服务，办理证照服务，落实优惠政策，推荐申报服务，市场营销服务等，这种创业模式集中于高科技行业。

（六）概念创新模式

这种创业模式刚刚兴起，是大学生根据自己的新颖构想、创意进行的创业活动。概念创新集中于网络、艺术、装饰、教育培训、家政服务等新兴行业，创业者的设想能够标新立异，成为行业或领域内的创举，并迅速抢占市场先机。这类创业的资金需求量不是很大，一般创业者可向亲朋好友借款，或在政策范围内小额贷款，特别有创造性能吸引商家注意力的也可以引来大公司股权形式的资金注入。组织管理上个人独资、合伙、股份公司均可。这种创业需要创业者具有独特的个性特征和旺盛的创业欲望，善于洞察商业机会。这类创业的难度高，不确定性大，但成功的收益也很大，是一种富有开创性价值的创造型创业。

二、识别创新创业机会途径

新经济环境下，创业者需要整合市场资源，满足市场对新产品、新服务的需求，从而获得利润。基于创业机会的潜在性、偶然性、消逝性等特点，对大学生来说，创业机会识别作为创业活动的初始阶段和核心环节，比团队的智慧、社会资源重要得多。因此，大学生要善于捕捉信息，掌握识别机会的科学规律，从而发现机会。

变化是创业机会的主要来源。大学生应积极应对变化，并充分利用变化，为社会提供新服务、新产品，满足顾客的需求，从而发现更多的创业机会。有四种变革可以产生创业机会：即技术变革、政治和制度、社会和人口结构变革，以及产业结构变革。创业机会根植于可以为客户或最终用户创造或增加价值的产品或服务中。

价值观是个体独特的或群体的代表性观念，它可能外显，也可能内含，并对可用方案以及最终心动的选择产生影响。创业者要充分了解消费者的价值观，识别创业机会，将未明确的市场需求发掘出来。此外，环境的变化带来思想观念的变化。德鲁克认为，从观念的变化中把握创业机会，需要判断什么是真正影响未来的趋势，什么只是一时流行的时尚，如果把时尚当成趋势，当把创新成果推出市场时，时尚已经过去，创业机会也就消失了，所以对待创业机会既要敏感和及时行动，以免错失良机，又要细心观察，避免错判、误判。比如人们对交通出行的认识，以前是关注价格，现在更多的是关注舒适、快捷、环保，因此，滴滴快车、共享单车等应运而生。

机会识别是创业一个重要环节，大学生创业者需要对机会保持高度的警觉性。大学生创业者必须时刻关注环境的变化和趋势，以便及时抓住利好的创业机会，同时需要充分了解社会有效的导向机制、激励机制和帮扶机制，从而识别更多更好的创业机会。

（一）从边缘市场中识别

“行业市场机会”指行业内部的市场机会，“边缘市场机会”指在两个不同行业之间的交叉结合部分存在的市场机会。一般情况下，行业市场机会能被人抓住的多，因为容易被发现，创业的难度也不大。边缘市场机会则相反，它处于两个不同的行业之间，属于边缘或交叉地带，关心涉足的人少，在该区域的消费者的需求难以得到满足。由于它连接两个不同的行业，关联的因素多，市场机会大。这类创业机会比较隐蔽，需要大学生创业者具有广博的知识面、丰富的想象力和旺盛持续的创新精神。如果大学生创业者富有开拓精神，在这个边缘性区域就会闯出一番新天地。比如，人们对于饮食需求认知的改变，衍生出健康食品、减脂食品等新兴行业。

（二）从市场问题中识别创业机会

市场发展的过程当中，会不断地产生与当前阶段相关的问题，需要创业者对其进行收集和分析，并运用创新思维解决问题，从而发现创业机会。创业机会潜藏在市场出现的问题之中，大学生要学会在解决市场问题，满足市场需求的同时，又能寻找创业机会。此外，市场时刻处于不稳定、不平衡的状态，大学生需要掌握市场现状，分析行业竞争情况，并调查消费者对产品的需求程度、认可程度。

（三）从市场空白点中识别创业机会

创业者要摆脱从众心理和传统习惯思维的束缚，寻找市场空白点或市场缝隙，从行业或市场在矛盾发展中形成的空白地带中把握机会。创业机会既存在于国家科技领域，也存在于普通百姓的日常生活领域，只要能为社会创造价值的地方都有创业机会，只要有消费需求的地方就有创业创新的可能。消费市场永远不会被填满，消费的差异性总是凸显存在着。研究消费者的个性化需求特征，就有可能发现好的创业机会。

（四）从政策变化中识别创业机会

市场政策的变动使得市场结构发生变化，新政策的出台或现有政策的修改都会为创业者们带来大量的创业机会。近年来，为拉动经济增长，促进经济转型，政府政策频出。这些政策对中国经济的拉动作用是毋庸置疑的，对中国经济、中国企业也会带来深远的影响。中国市场受政策影响很大，新政策出台往往引发新商机，如果创业者善于研究和利用政策，就能抓住商机站在潮头。从政策中寻找商机并不仅仅表现在政策条文所规定的表面，随着社会分工的不断细化和专业化，政策变化所提供的商机还可以延伸，创业者可以从产业链在上下游的延伸中寻找商机。

1.全面“三孩”政策的实施

我国人口数目庞大，随着“三孩政策”的实施，必然孕育了多种机会。围绕十几亿人口的各个领域都将产生无法避免的问题，比如生育与工作的矛盾、上学、健康、住房、就业问题等。对大学生创业者来说，与其说这些是问题，不如说这是创业机会。

2.养老政策变化

我国人口老龄化问题比较突出，给社会和家庭带来了较大的压力，养老状况不容乐观。目前，我国养老方式主要有敬老院集中养老、居家分散养老等。无论是哪一种养老方式，国家在建设养老院场地划拨、证照办理、护理人员培训等方面都给予了相应的支持。因此，大学生创业者应积极利用这些政策优势，开创中国式的养老方式，在中老年人保健用品、养老护理、为独生子女服务等市场中，找到适合自己的创业机会，发展属于自己的事业。

2013年，老龄产业概念首次被提出，养老由事业开始向产业化发展。老人群体开始变得理性冷静，养老理念开始发生了转变，意识到长远养老规划的重要性，并追求个性化的养老生活。同时，养老政策下沉要求为老年人提供精准化个性化专业化服务。目前，市场上还缺少专业的人士可以充当老年人群体的“养老顾问”，指导他们如何正确地养老，帮助制定个人化的养老规划、财富传承规划、健康管理规则、养老风险揭示以及应对策略等，其背后的市场潜力和需求量是巨大的。针对农村老人分布广、数量多的特点，探索构建符合实际的养老服务模式，建立更有效、更有针对性的农村养老服务体系，可以以老年活动中心、敬老院、日间照料中心、养老服务点构建“四级”服务体系，逐步实现养老体系网络化。总之，养老政策变化蕴藏大量创业机会。

3. 乡村振兴战略

国家正在实施“乡村振兴战略”，乡村发展将得到更多的政策支持。大学生到乡村创业，既能解决自身就业问题，还能带动农村经济发展，有利于推进农业现代化。未来的农村是拥有科学知识的大学生的用武之地。

在乡村建设过程中，大学生通过创新创业将知识财富转化为可视化的劳动成果，可以在社会上起到“连带效应”，不仅为乡村建设提供流动性人力资源，还为乡村地区提供更多的发展平台，如闲置资源价值再创造、特色产品加工再销售等，这都是新的创业机会。大学生将自身所接受的创新思维转化到创业项目中，并与乡村振兴对接，不仅会将个人研究成果转化为物质财富推动农村再发展，还会潜移默化地将个人先进的价值观、创新性思维等传播到该地。

（五）从技术创新中识别创业机会

纵观世界发展历史，可以看到，正是技术创新促进了新兴产业的形成和发展。产业的升级或更新不仅可以满足市场的需要，还能够为社会提供更多的创业机会。建设“创新型强国”是十九大确定的奋斗目标，在“中国制造2025”战略推动下，技术人才脱颖而出，创新产品不断涌现。大学生创业者要瞄准现代产业发展的目标，充分利用新知识、新技术，将科技成果转化为社会需要的产品，从技术创新中获得创业机会。

案例9　拓宽新技术的应用渠道

常见的VR技术多用于游戏和视频领域，而VR全景行业则给VR创业者带来了创业机会。大学生创业者冯杨创建的四川松塔文化有限公司成立于2016年1月。公司通过运用VR技术，在峨眉山七里坪创建了一个智慧旅游体验区，游客们可享受到梦幻温泉等特别场景。把VR全景技术从大企业大平台推广到中小型的实体企业中，对小微企业创业者来讲是不错的创业机会。

（六）从大数据时代的信息安全中识别创业机会

我国逐渐进入大数据时代，商业生态环境发生了巨大变化，海量的数据信息给社会经济建设既带来了极大的便利，也带来了巨大的隐患。随着智能化程度的提高，信息安全也越来越受关注。

对于海量数据的分析有助于更好地监控网络异常行为，找出数据中的风险点，为信息安全服务提供保障。对实时安全和商务数据结合在一起的数据进行预防性分析，可以保障信息安全，控制风险。大数据在成为竞争新焦点的同时，也带来了新机遇，蕴藏着巨大的创业机会。

第八章
国际新格局下小微企业创新创业

第一节　中国小微企业创业环境

中国经济发展韧性好，调整适应能力强，并有较强的抵御风险能力，遇到困难和风险时能够及时采取有效措施，推动经济较快地恢复正常状态。这个跟国家的宏观调控政策有关，在面临国际或国内发生重大的影响经济运行事件的时候，国家能及时出台措施，精准化解经济运行风险。

中国经济发展潜力足，有平稳增长的广阔空间。支撑经济平稳、可持续发展所需的各项条件是充分有力的，经济高质量发展有广阔的提升空间。

一、发展环境持续向好

（一）创新创业体系生态化

2017年9月，“第五届中国创业投资行业峰会创投生态共建论坛”在北京举行。国家发展改革委表示，将会同相关部门，认真贯彻落实国务院精神，积极把握市场舆情，认真回应市场急需，加快研究并制定引领大众创业、适合行业投资的政策法规，研究消除阻碍“双创”机制或体制的办法，力求在国家财政、税务、金融、信用和监管等方面构建新的体制和机制，进一步完善规章制度，推进“双创”向健康、持续方向发展，让国家政策普惠所有创业者，使他们得到更多的实惠。

（二）进一步放宽市场准入

坚决破除各种不合理门槛和限制，在市场准入、审批许可、招标投标、军民融合发展等方面打造公平竞争环境，提供充足市场空间。不断缩减市场准入负面清单事项，推进“非禁即入”普遍落实，最大程度实现准入便利化。

（三）主动服务小微企业

进一步深化对小微企业的“放管服”改革。继续推进商事制度改革，推动企业注册登记、注销更加便利化。推进环评制度改革，落实环境影响登记表备案制，将项目环评审批时限压缩至法定时限的一半。落实好公平竞争审查制度，营造公平、开放、透明的市场环境，清理废除妨碍统一市场和公平竞争的各种规定和做法。主动服务企业，对企业发展中遇到的困难，要“一企一策”给予帮助。

（四）实行公平统一的市场监管制度

创新监管方式，寓监管于服务之中，避免在安监、环保等领域微观执法和金融机构去杠杆中对小微企业采取简单粗暴的处置措施。深入推进反垄断、反不正当竞争执法，保障小微企业公平参与市场竞争。坚决保护企业及其出资人的财产权和其他合法权益，任何单位和个人不得侵犯小微企业财产及其合法收益。严格禁止各种刁难限制小微企业发展的行为，对违反规定的问责追责。

（五）“一带一路”的推进

首先，高铁、公路、航运等不同类型的交通工程将成为“一带一路”建设的重点，而且优先发展，创业机会蕴藏其中。其次，基础设施建设需求旺盛，“一带一路”沿线的许多国家正处于工业化城市化的快速推进时期，对基础设施建设的需求非常巨大。此外，文化产业发展潜力巨大，加强“一带一路”建设，必须加强与沿线国家的文化交流与合作，以促进文化产业的发展，这当中也有不少创业机会。旅游将再次成为发展热点，“一带一路”的相关省份和沿线国家及其城市，都有大量优质旅游资源，如果合理开发旅游资源，连接景点连接，形成比较合理的旅游线路，无疑会促进旅游产业的发展，并将会带来很多和旅游相关的创业机会。最后，生态环保是世界各国共同关注的主题，在“一带一路”建设过程中，必须高度重视生态产业的发展，这也会为大学生创业者带来新的市场机遇。

（六）市场资源广阔

经过70余年新中国的建设，特别是改革开放的40多年的快速发展，我国形成了远远大于其他国家的空前巨大的市场空间。14亿多人口，9亿名工人，8亿互联网用户和1.7亿名受过高等教育和拥有专业技术技能的人才，1亿多个市场主体，这样的人口资源和空间，是参与全球经济竞争的重要优势。

（七）国内需求依然强劲

在消费方面，按照世界银行的标准，中国有4亿多人处于中等收入水平。随着消费环境的改善和优质供给的后续，消费需求特别是居民消费增长潜力巨大。

（八）发展回旋余地大

中国经济发展具有战略纵深的特点，主要表现在经济发展的梯度差异明显，市场进退空间巨大。

1.巨大的发展空间

中国国土辽阔，区域发展梯度明显。随着一系列重大区域发展战略的有效实施和区域协调发展的深入推进，中国将继续扩大发展空间，进一步释放发展潜力，加快培育新的区域增长极。

2.完善的行业类别

中华人民共和国成立后，中国行业领域的持续努力，为我国工业化的快速发展奠定了坚实的基础。经过40多年来改革开放的艰苦努力，我国已经成为世界工业强国，制造大国，是目前世界上唯一一个工业分类齐全的国家，工业产品500种居世界首位，220种工业产品产量居世界首位，而且产业链非常完整。

3.宏观调控的空间很大

中国政府的宏观调控“工具箱”中还有大量的政策储备，可供选择的工具很多，既可以打“组合拳”，也可以采取有针对性的措施。

为了给经济发展营造良好的外部环境，充分利用国际国内两个市场、两种资源，中国将更加积极地参与全球经济治理，深度融入世界经济体系，并在国际经济规则的制定方面发挥更加重要的作用。

在理念上，中国形成了“共商共建共享”的国际合作和全球治理基本理念，彰显了中国参与全球治理的开放性和包容性，得到了很多国家和地区的认同。在行动上，中国将重点做好以下三点：

一是以“一带一路”倡议为依托，加强国际产能合作，根据需要促进产能“走出去”和“引进来”的双向流动。

二是加强同发展中国家的经济合作和政策协调，推动建立反映新兴经济体发展利益的国际规则。

三是积极参与全球经济治理，引领经济全球化朝着符合时代潮流的方向继续前行。

目前，我国经济发展的新格局正在形成，由人口数量型转变为人口质量型，由劳动力导向型转变为技术导向型、人才导向型。

二、破解融资难融资贵问题

（一）完善小微企业融资政策

进一步落实普惠金融定向降准政策。加大再贴现对小微企业支持力度，重点支持小微企业小额票据贴现。将支小再贷款政策适用范围扩大到符合条件的中小银行（含新型互联网银行），将单户授信的小微企业贷款纳入中期借贷便利的合格担保品范围。

（二）积极拓宽融资渠道

进一步完善债券发行机制，完善民营企业债券融资支持工具，采取出售信用风险缓释凭证、提供信用增进服务等多种方式，支持经营正常、面临暂时流动性紧张的民营企业合理债券融资需求。探索实施民营企业股权融资支持工具，鼓励设立市场化运作的专项基金，开展民营企业兼并收购或财务投资。大力发展高收益债券、双创专项债务融资工具、创业投资基金类债券、创新创业企业专项债券等产品。研究促进小微企业依托应收账款、供应链金融、特许经营权等进行融资。完善知识产权质押融资风险分担补偿机制，发挥知识产权增信增贷作用。引导金融机构对小微企业发放中长期贷款，开发续贷产品。

（三）支持利用资本市场直接融资

加快小微企业首发上市进度，为主业突出、规范运作的小微企业上市提供便利。深化发行、交易、信息披露等改革措施，支持小微企业在新三板挂牌融资。推进创新创业公司债券试点，完善创新创业可转债转股机制。研究允许挂牌企业发行可转换公司债。落实创业投资基金股份减持比例与投资期限的反向挂钩制度，鼓励支持早期创新创业。鼓励地方知识产权运营基金等专业化基金服务小微企业创新发展。对存在股票质押风险的企业，要按照市场化、法治化原则研究制定相关过渡性机制，根据企业具体情况采取防范化解风险措施。

（四）减轻企业融资负担

鼓励金融机构扩大出口信用保险保单融资和出口退税账户质押融资，

满足进出口企业金融服务需求。加快发挥国家融资担保基金作用，引导担保机构逐步取消反担保，降低担保费率。清理规范小微企业融资时强制要求办理的担保、保险、评估、公证等事项，减少融资过程中的附加费用，降低融资成本。相关费用无法减免的，由地方财政根据实际制定鼓励降低收费标准的奖补措施。

（五）建立分类监管考核机制

研究放宽小微企业贷款享受风险资本优惠权重的单户额度限制，进一步释放商业银行投放小微企业贷款的经济资本。修订金融企业绩效评价办法，适当放宽考核指标要求，激励金融机构加大对小微企业的信贷投入。指导银行业金融机构夯实对小微业务的内部激励传导机制，优化信贷资源配置、完善绩效考核方案、适当降低利润考核指标权重，安排专项激励费用，鼓励对小微业务推行内部资金转移价格优惠措施，细化小微企业贷款不良容忍度管理，完善授信尽职免责规定，加大对基层机构发放民营企业、小微企业贷款的激励力度，提高民营企业、小微企业信贷占比，提高信贷风险管控能力、落实规范服务收费政策。

三、完善财税支持政策

（一）改进财税对小微企业融资的支持

落实对小微企业融资担保降费奖补政策，中央财政安排奖补资金，引导地方支持扩大实体经济领域小微企业融资担保业务规模，降低融资担保成本。进一步降低创业担保贷款贴息的政策门槛，中央财政安排资金支持地方给予小微企业创业担保贷款贴息及奖补，同时推进相关统计监测和分析工作。落实金融机构单户授信1000万元及以下小微企业和个体工商户贷款利息收入免征增值税政策、贷款损失准备金所得税税前扣除政策。

（二）减轻小微企业税费负担

清理规范涉企收费，加快推进地方涉企行政事业性收费零收费。推进增值税等实质性减税，对小微企业、科技型初创企业实施普惠性税收减免。根据实际情况，降低社会保险费率，支持小微企业吸纳就业。

（三）完善政府采购支持小微企业的政策

各级政府要为小微企业开展政府采购项目融资业务提供便利，依法及时公开政府采购合同等信息。研究修订政府采购促进小微企业发展暂行办法，采取预算预留、消除门槛、评审优惠等手段，落实政府采购促进小微企业发展政策。在政府采购活动中，向“专精特新”小微企业倾斜。

（四）充分发挥各类基金的引导带动作用

推动国家小微企业发展基金走市场化、公司化和职业经理人的制度建设道路，使其支持种子期、初创期成长型小微企业发展，在促进小微企业转型升级、实现高质量发展中发挥更大作用。大力推进国家级新兴产业发展基金、军民融合产业投资基金的实施和运营，支持战略性新兴产业、军民融合产业领域优质企业融资。

四、提升创新发展能力

（一）完善创新创业环境

通过国家科技计划加大对小微企业科技创新的支持力度，调整完善科技计划立项、任务部署和组织管理方式，大幅度提高小微企业承担研发任务的比例。鼓励大型企业向小微企业开放共享资源，围绕创新链、产业链打造大中小微企业协同发展的创新网络。推动专业化众创空间提升服务能力，实现对创新创业的精准支持。健全科技资源开放共享机制，鼓励科研机构、高等学校搭建网络管理平台，建立高效对接机制，推动大型科研仪器和实验设施向小微企业开放。鼓励小微企业参与共建国家重大科研基础设施。中央财政安排资金支持一批国家级和省级开发区打造大中小微企业融通型、专业资本集聚型、科技资源支撑型、高端人才引领型等特色载体。

（二）切实保护知识产权

运用互联网、大数据等手段，通过源头追溯、实时监测、在线识别等强化知识产权保护，加快建立侵权惩罚性赔偿制度，提高违法成本，保护小微企业创新研发成果。组织实施小微企业知识产权战略推进工程，开展专利导航，助推小微企业技术研发布局，推广知识产权辅导、预警、代理、托管等服务。

（三）引导小微企业“专精特新”发展

支持推动小微企业转型升级，聚焦主业，增强核心竞争力，不断提高发展质量和水平，走“专精特新”发展道路。研究制定“专精特新”评价体系，建立动态企业库。以“专精特新”中小企业为基础，在核心基础零部件（元器件）、关键基础材料、先进基础工艺和产业技术基础等领域，培育一批主营业务突出、竞争力强、成长性好的“专精特新”“小巨人”企业。实施大中小微企业融通发展专项工程，打造一批融通发展典型示范和新模式。围绕要素汇集、能力开放、模式创新、区域合作等领域分别培育一批制造业双创平台试点示范项目，引领制造业融通发展迈上新台阶。

（四）为小微企业提供信息化服务

推进发展“互联网+小微企业”，鼓励大型企业及专业服务机构建设面向小微企业的云制造平台和云服务平台，发展适合小微企业智能制造需求的产品、解决方案和工具包，完善小微企业智能制造支撑服务体系。推动小微企业业务系统云化部署，引导有基础、有条件的小微企业推进生产线智能化改造，推动低成本、模块化的智能制造设备和系统在小微企业中的部署应用。大力推动降低中西部地区小微企业宽带专线接入资费水平。

五、改进服务保障工作

（一）完善公共服务体系

规范中介机构行为，提升会计、律师、资产评估、信息等各方面中介服务质量水平，优先为小微企业提供优质高效的信息咨询、创业辅导、技术支持、投资融资、知识产权、财会税务、法律咨询等服务。加强小微企业公共服务示范平台建设和培育。搭建跨部门的小微企业政策信息互联网发布平台，及时汇集涉及小微企业的法律法规、创新创业、财税金融、权益保护等各类政策和政府服务信息，实现小微企业政策信息一站式服务。建立完善对小微企业的统计调查、监测分析和定期发布制度。

（二）推动信用信息共享

进一步完善小微企业名录，积极推进银商合作。依托国家企业信用信息公示系统和小微企业名录，建立完善小微企业数据库。依托全国公共信用信息共享平台建设全国小微企业融资综合信用服务平台，开发“信易贷”，与商业银行共享注册登记、行政许可、行政处罚、“黑名单”

以及纳税、社保、水电煤气、仓储物流等信息，改善银企信息不对称的状况，提高信用状况良好小微企业的信用评分和贷款可得性。

（三）重视培育企业家队伍

继续做好小微企业经营管理领军人才培训，提升小微企业经营管理水平。健全宽容失败的有效保护机制，为企业家成长创造良好环境。完善人才待遇政策保障和分类评价制度。构建亲清政商关系，推动企业家参与制定涉企政策，充分听取企业家意见建议。树立优秀企业家典型，大力弘扬企业家精神。

（四）支持对外合作与交流

优化海关流程、简化办事手续，降低企业通关成本。深化双多边合作，加强在促进政策、贸易投资、科技创新等领域的小微企业交流与合作。支持有条件的地方建设中外小微企业合作区。鼓励小微企业服务机构、协会等，探索在条件成熟的国家和地区设立“小微企业中心”。继续办好中国国际小微企业博览会，支持小微企业参加境内外展览展销活动。

六、强化组织领导和统筹协调

（一）加强支持和统筹指导

各级党委和政府要认真贯彻党中央、国务院关于支持小微企业发展的决策部署，积极采取有针对性的措施，在政策、融资、营商环境等方面主动帮助企业解决实际困难。各有关部门要加强对小微企业存在问题的调研，并按照分工要求抓紧出台解决办法，同时对好的经验予以积极推广。加强促进小微企业发展工作组织机构和工作机制建设，充分发挥组织领导、政策协调、指导督促作用，明确部门责任和分工，加强监督检查，推动政策落实。

（二）加强工作督导评估

国务院促进中小企业发展工作领导小组办公室加强对促进小微企业健康发展工作的督导，委托第三方机构定期开展小微企业发展环境评估并向社会公布。各地方政府根据实际情况组织开展小微企业发展环境评估。

（三）营造良好舆论氛围

大力宣传促进小微企业发展的方针政策与法律法规，强调小微企业在国民经济和社会发展中的重要地位和作用，表彰小微企业发展和服务小微企业工作中涌现出的先进典型，让企业有更多获得感和荣誉感，形成有利于小微企业健康发展的良好社会舆论环境。

为贯彻党中央、国务院决策部署，做好“六稳”工作、落实“六保”任务，进一步优化营商环境、激发小微企业活力、推进绿色发展。各地环保部门简化小微企业项目环评管理，降低项目环评数量和类别，对环境影响较小项目，进一步减少环评审批和备案数量。优化报告表内容，明确表格填写要求、降低编制难度。探索同类项目环评简化模式，加强产业园区规划环评与项目环评联动。深化环评审批正面清单改革，提升服务，帮扶小微企业做好环评工作。加强环评咨询服务，便利择优选择环评单位，加强监管，确保小微企业环保要求不降低，推进监测数据公开。

第二节　国际新格局下的小微企业转型升级

一、国际经济发展的趋势

当前，世界贸易保护主义抬头，发达国家强刺激政策风险外溢，新冠疫情是现代社会第一次全球规模的疫情，对全球经济造成严重冲击，产业链供应链循环受阻，国际贸易投资萎缩。我国及时采取措施，率先控制疫情，率先复工复产，率先实现经济增长由负转正。但是，全球经济复苏动力仍然不足，人口老龄化、债务杠杆、结构失衡等边界约束条件日益收紧，不确定性仍然很高。新冠疫情和国际环境正在极大地推进经济发展的四大趋势：

（一）数字化的社会基础

远程办公、线上开会、远程教育等设备，随着疫情的发展，它们已经成为现代社会必备的基础设施，就像公路铁路一样。

（二）生命科学的前沿

就像国防工业一样，生命科学帮助人防御来自大自然的灾害。新冠病毒为什么能对整个地球产生如此巨大的影响？我们正在重新思考人和自然界的关系，这会促进生命科学新前沿的发展，包括测试、疫苗和大量的药物开发。这一系列的投入会在全球范围内加速，带来很多机会。

（三）可持续的新能源

这背后其实是人和大自然的关系，是必须要解决的。到目前为止，我们发展经济都是在假设“大自然是免费的”，其实它并不是，所以我们必须进入一个新的、市场化的、可持续的关系，这将带来大量的产业发展机会。

（四）全球经济发展和创新的重心从西方转移到亚洲

随着新经济体，特别是以中国为代表的亚洲发展中国家的快速发展，全球经济的重心从大西洋地区向亚太地区转移的趋势越来越明显。一些机构预测，亚洲经济规模将在未来十几年超过北美和欧洲的总和，有人甚至提出21世纪是亚洲时代、太平洋时代。世界各国纷纷将战略的重点转向了亚太，美国提出了战略东移、重返亚洲、亚太再平衡的战略，这些都将给国际大格局和国际关系带来深刻的调整，也将给我国的外部发展环境带来重大变化。

以上这四个趋势都在加速，全球因此形成了一个新的格局。

二、双循环格局赋能经济结构优化

双循环新发展格局这一重大战略构想的提出，是应对世界百年未有之大变局和当前国内外经济形势变化的应然之策。从外部环境上看，既有机遇也面临挑战，既要面对国际贸易环境发生根本性转变与新冠肺炎疫情冲击的双重影响，也迎来世界经济格局演变和全球治理模式重构的难得历史机遇。从内部环境看，国内经济处于转型升级和迈向高质量发展的关键攻坚期，增速放缓、内需结构剧变、有效供给不足、关键核心技术受制于人等问题交织，但拥有全球最完整、规模最庞大、门类最齐全的工业体系、强大的供给能力与完善的配套能力，经济韧性好，超大市场规模优势日益凸显，数字经济快速发展等也有力保障了我国经济长期向好的基本面。

2021年，全球疫情影响将逐步消退，疫苗有望大范围接种，全球经济将开启渐进复苏模式。“十四五”开局之年，我国不仅需要完成疫后经济恢复工作，同时还需要为“十四五”开好局。面对外部环境的深度变革和我国内部宏观经济增长轨道转换的新局面，中央几次重要会议中确立了我国未来发展新的战略基点，即以内部大循环为主，内外双循环互促的新发展格局。

内循环为主体与中国经济全球化的战略并不矛盾。一方面，我国对商品进口的依赖仍然很大；另一方面，我国虽拥有全球最完备的工业体系，但产品的供给能力却存在显著的结构化差异，中低端产品供给能力较强，但高端产品的供给能力偏弱。在全球的产业链分工中，中国仍处于中下游，上游核心技术进口依赖度高。

中国经济在全球范围内表现亮眼。2020年三季度经济增速在全球范围内率先转正，且在国际货币基金组织和世界银行的全年经济预测中，中国是2020年全球唯一可实现正增长的国家。2021年一季度国内生产总值249310亿元，按可比价格计算，同比增长18.3%，比2020年四季度环比增长0.6%，比2019年一季度增长10.3%，两年平均增长5.0%。由于基数较高，第二季度实际GDP同比增长7.9%，低于第一季度的18.3%。然而，如果不考虑基数效应，而是基于两年平均增长率，第二季度实际增长率为5.5%，相较第一季度（5.0%）有所改善。中国经济表现突出主要受益于四个方面：首先，制度优势保障下疫情防控得力，以最短时间全面控制疫情蔓延；其次，“六稳”“六保”政策下，生产率先恢复，以供给推动经济增长；第三，中外疫情发生时间的错位以及中国“保供给”与欧美“保需求”的疫情救助政策差异间形成互补，外需的增长和中国强大的供给能力带来中国外贸的超预期增长，并拉动工业产出平稳复苏；第四，智能化信息化技术的加速应用，现代化生产效率不断提高。

今后的一段时期内，疫情因素仍将是影响全球经济恢复的主要因素。目前全球多款疫苗已获批上市，预计随后陆续会有多款疫苗逐步获批量产上市。伴随疫苗的落地，全球疫情的影响将逐步消退。在低基数效应和疫苗普及的双重作用下，预计今年全球经济在二季度末三季度初开始有较明显回升。在政策方面，预计全球货币财政宽松环境不会立刻收紧，但会针对通胀和债务风险的变化进行边际调整，主要市场将逐步有序恢复生产、重启商务活动，全球经济有望加速修复。

三、数字经济唱响主角

2021中国国际智能产业博览会在重庆闭幕。作为中西部重要的以数字经济为主题的国家级展会，“十四五”、工业互联网、应用场景、国际合作、中小企业等词汇频繁出现在智博会“会展赛论”的各个环节，成为观察数字经济发展的独特窗口。

“十四五”规划纲要的制订围绕云计算、大数据等7大数字经济重点产业，也明确提出了智能交通、智能制造等10大应用场景，明确提出加快建设数字经济、数字社会、数字政府，以数字化转型整体驱动生产方式、生活方式和治理方式变革，强调打造数字经济新优势，促进数字技术与实体经济深度融合，赋能传统产业转型升级，这为数字经济发展指明了方向。

数字经济对产业结构调整、经济社会发展的影响日益加深。“十四五”时期，社会经济将全面、立体地迈向数字化、智能化时代，“场景+新IT”模式将成为产业升级的驱动力，实体经济增长的新引擎。当前工业互联网呈现加速发展的最大驱动力，来自“十四五”将成为我国制造业转型升级关键阶段的客观要求。

制造业能否在“十四五”期间利用数字技术拓展出创新发展新空间，将影响着中国制造未来是否能继续在全球保持竞争力。随着在全球创新中的地位愈发重要，数字经济正在成为国际合作的新热点。数量众多的中小企业吸纳了最广泛的就业，但在利用工业互联网提升竞争力方面还存在困难。智博会期间发布的《工业互联网平台赋能中小企业数字化转型研究报告（简版）》显示，我国中小企业数字化转型总体向好，但整体来看仍存在基础薄弱、人才供给不足、服务能力不强等瓶颈。当前，中小企业想要借力工业互联网，必须根据自身情况，推动低成本、模块化工业互联网设备和系统在中小企业中的部署应用，提升中小企业数字化、网络化基础能力。

四、“双循环”发展格局下小微企业转型升级

（一）创新为本，分类转型

双循环新发展格局下小微企业转型尤其要以创新为本，根据不同企业类型，探索创新的突破口，实现分类、分步转型。第一，对于以外贸接单为主的简单外向型生产企业，主要通过传统产品制造加工，向自主品牌、服务型制造、内外销并重、差异化竞争等方向转型发展；第二，对于拥有自主品牌产品出口的外向型生产企业，主要通过外贸转内销、集约式发展、创新路径优化等方向转型发展；第三，对于以纯进出口贸易为主的外贸流通型企业，主要通过海外市场拓展和内销网络构建以实现转型发展；第四，对于以国内市场为主的传统企业，可通过工业互联网应用、制造业与服务业深度融合、可持续供应链系统打造等渠道推进转型发展；第五，对于以国内市场为主的高精尖企业，其转型不在于具体业务上的改变，而在于企业使命、理念、战略格局上的转变。通过聚焦关键共性技术、前沿引领技术、现代工程技术、颠覆性技术创新，承担以技术创新带动国民经济整体实力提升的时代使命和担当，助力企业实现全球价值链攀升。

（二）数字赋能，提质增效

面对复杂的需求，借助工业互联网、电商平台、云计算等技术，开

展线上线下深度融合。小批量、个性化需求通过网络集聚信息，既可实现大批量、规模化生产，又能降低企业存货风险和生产的不确定性，提高资源优化配置效率。数字化不仅实现了供需动态平衡的重要撮合、反馈机制，还会对供给端的生产行为和需求端的消费行为产生颠覆性影响。当一个企业获取客户详细需求信息之后，数据就开始在企业的采购计划、经营管理、工艺设计、生产制造、质量控制、产品维护的每个环节中流动。企业生产经营的各个环节均以数据模块化方式来表达和运作，使越来越多的环节不再需要人为参与，生产变得更为自动化、智能化、精准化，促进提质增效。

第三节　把握好属于创业者的机会

一、创业者决定做什么

决定创业做什么，要从需求、技术、市场三个方面做综合的判断，只有三者有交集的地方才是一个好的创业方向。

建立一个体系来帮助自己做出这样的选择，第一步是观察，可以通过阅读和交流来实现。比如你对直播感兴趣，那么跟直播相关的所有文章你都可以读，跟直播相关的人，都应该尽量多地去交流，尽可能地获得跟直播相关的信息。第二步就是思考。思考的核心工作是梳理信息，并对未来做出判断，比如两年以后直播会发展成什么样子，现在的行业还缺什么新的企业，它的商业模式应该是怎样的。有了对未来的判断以后，需要设立命题，一般情况下，这个命题大概是“我可以做出某某产品，用某某样的商业模式，建立一个某某样的创业公司”。第三步就是尽快去验证这个命题，去做行业研究，并访谈行业内的人。通过这样的方式尽快去验证你的假设，并不断迭代你的想法。

大部分的创业者往往会花半年时间甚至两年时间做这些事情。好的创业者往往想得很深，并看得很远，对未来有独到的见解，并且在动手之前他就已经做了很多验证。

在早期阶段，创业者不可能想得非常清楚。Facebook的创始人扎克伯格曾分享了一个观点：做任何一件大的事情，早期是没法想得很清楚的，如果你一定要想得非常清楚才起步，极有可能会错失创业机会。因此，关键是要有勇气去迈出第一步。

如何迈出第一步？核心是打造一个最小可行产品，也就是一个可以让创业者去试的最小产品。有了最小可行产品以后，就需要小步快跑，快速迭代，这是有效的可以提高创业成功率的方法。因为早期创业的能见度很低，就像一个人每天打开大门，能见度只有两米，朝这个方向走，两米之外是陡坡还是悬崖，是桥还是平路，这些都无法知道，唯一能提高成功率的方法就是赶快试。但是，有时候试到一定阶段的时候，可能会发现原来的目的地不适合了，需要改方向。这种情况下，如果创业者已经有足够的信息验证原来的方向走不通，就没有必要继续去碰壁，也同样需要拿出勇气去改变方向。

很多公司都有改方向的经历，有一些甚至在短时期内多次改方向。所以决定创业做什么，这本身是一个动态过程。

二、创业者如何明确做的项目具有较高价值

决定创业方向以后，还需要想明白，为什么做的事情具有很大的商业价值？每个创业者一定要投入精力做价值分析，这至少包括如下几个点：

（一）分析商业类别

商业类别分析不是市场分析，因为市场由需求决定，而商业类别是由供给决定的。需要做一个规模和成长速度分析，其中成长速度很重要的一个指标叫年复合增长率，创业者选择的创业赛道年复合增长率要至少在30%以上，最好能到50%以上。反过来说，如果找到的赛道年增长率小于10%，即使做得再大，估值也不会很高。

（二）分析获得价值的可能性

不少创业者可能都没意识到，创造价值和获得价值其实是两件事。很多创业公司创造了价值，客户都愿意用它的产品，但是公司收不到钱，也没法活下去。为了避免这个问题，创业者需要分析付费模式是什么，销售模式是什么，是否有足够的渠道可以卖给客户。很多公司，他们失败的原因就是产品卖不出去，或者市场的销售成本远高于获得的商业价值。

其中，渠道很重要，因为没有渠道的话，产品会卖不出去，如果渠道成本过高，创业公司则会活得很艰难。

还有一点值得关注的就是价值链结构，特别是毛利。创业公司只有创新做得好，才能获得较高毛利，而有了较高毛利就有更多预算去做营销和市场推广。

创业者还需要想清楚公司潜在的商业价值，可以用“碗里的”“锅里的”“田里的”这一组概念来类比公司在不同阶段的价值，具体如下：

碗里的就是用今天的产品，按今天市场能够触达的渠道去销售。假设占领市场10%的份额，计算能获得多少收入，以及未来五年能获得多少收入。

锅里的就是今天的产品可以延伸出来的产品，比如华为做了手机之后延伸做电脑。另一种延伸是用同样的基础产品去占领毗邻市场，比如从印度卖到巴基斯坦。这些营销方式带来的收入就是“锅里的”价值。

田里的往往是基于企业长期发展出来的核心能力，溢出到新的赛道。谷歌就是这样一家公司，它的核心能力是大规模地应用机器学习驱动的计算系统，它的第一个生意是搜索，第二个生意目前看来是自动驾驶，而自动驾驶本身就是大规模计算系统。

三、创业者如何判断进场时机

在美国，有一个创业者叫Bill Gross，他做了大量数据分析研究创业成功的要素，结论是创业成功的第一因素是时机，也就是什么时候进场。企业中往往有几类人，决定了企业进场的时机。

第一部分早期的创新者，他们是尝鲜的人，再差的产品市场都会用，所以早期有几个用户，信号价值不一定重要。

第二部分人叫有远见的人，他们往往是企业高管，对未来有自己的想法。他们希望找到新的技术能力，帮助实现对未来的愿景。他们对价格不敏感，风险承担能力比较大。这波人比较重要。

第三部分是早期采纳者，这部分人对技术应用的态度比较开放，永远愿意用新的技术产品，但是他们一般比较务实，在企业里会出业绩。他们是否采纳新技术产品的判断标准是竞争对手用不用，同事用不用。

有远见的人和早期采纳者之间的意见存在裂缝，这就是常说的“鸿沟”。历史上的企业创新，大部分都没有越过鸿沟，所以时机很重要。

每一代新的技术诞生后，整个社会都会特别地关注，媒体也会大量报道，但是一旦开始使用，大家就会发现体验不合格、价格还很贵。于是社会又会进入一个“唱衰期”，就像今天的人工智能领域一样。但是，唱衰的时候往往也是进场的好时机。

乔布斯曾经有一句话，“判断方向其实比较容易，判断时机往往很难。”以苹果为例，苹果永远不是第一个做手机、手表、平板电脑的企业，但是苹果选择进场的时机都是泡沫破灭、市场已经被教育后的时间点。

另外，越来越多的创业者，比如做脑机接口和量子计算的创业公司，即使知道现在进场还太早，但是为了避免将来市场竞争太激烈，会选择提早进入。需要提醒的是，这类创业者需要打造自身的长期造血能力，尽可能让公司活得更久。

四、创业者如何打造能力建立壁垒

创业者经常被投资人问：到底有什么样的能力可以形成壁垒？大厂进来竞争，怎么办？每位创业者都需要思考这个问题，有几种常见的壁垒：

- 网络效应
- 强规模效应，如数据
- 特殊能力，如技术或设计专利等
- 市场位置(客户高替换成本)

网络效应。简单来说就是用户越多，产品越好用，社交平台就是典型的例子。它往往可以形成“赢家通吃”的市场，长期则是一家独大。

强规模效应。大部分企业都有规模效应，但有的是强规模效应，比如有很多数据累积的企业，他们是可以形成很大壁垒的。

特殊能力。特别是技术驱动型创业者，可以通过专利来形成壁垒。

市场位置优势。特别是2B企业（“2B”又称B2B，也有写成BTB，即Business-to-Business的缩写，是指企业对企业之间的营销关系）。2B销售很难，但是成功销售进去之后客户也稳定。因为客户切换成本高，你只要进去，这就可能成为壁垒。比如客户一旦使用了你提供的软件服务，他不会轻易换，因为这涉及工作流程的大量更改。

有时候壁垒是特殊资源和特殊关系，还有的时候是先发优势，特别是对于需要练内功的企业，即便对手知道如何做，也得至少两年才能做到你的水平。长期的壁垒是品牌，但是对创业公司来讲需要较长时期才能形成。

五、创业者如何打造能胜任的团队

在描述清楚了做什么、为什么有价值、为什么现在是进场好时机以及如何打造壁垒后，创业者还经常被投资人问：为什么团队可以做好这件事？早期创业团队一定要会回答这个问题。一个企业能不能走远，本质上是由创始团队决定的。创始人团队有几个能力特别重要。

第一是判断未来的能力。对未来一定要看得远，要有独到的见解。

第二是沟通的能力。早期沟通特别重要，想清楚、讲明白是非常核心的早期能力，因为早期想获得资源，比如融资，雇人，战略合作等，都需要靠沟通能力。

第三是行动导向、解决问题的能力。创业公司每天都在解决新的问题，快速解决是核心，任何问题都不要超过一定期限，大的问题可以拆成子问题。

第四是长期的内在驱动力。为了获得财富去创业是没有问题的，但是长期发展还是需要一个内在驱动力。因为有很多时候，创业会艰难到走不下去，或者财富自由后还是需要继续做下去。

创始人团队有了内核能力就可以不断吸收新的人才进来，未来可以满足客户去触达市场。有内核能力以后也可以按需要建立技术研发能力、产品开发能力，以及用产品快速迭代满足用户需求的能力等。

此外，还要有触达用户的能力。一切能力最后都是要触达用户，而且光触达还不行，还得能够盈利，只有这样才能成功。

所以创始人团队为什么能够把这件事情做好，就是从发展创始人自身能力开始，判断好未来，不断沟通，解决问题，培养内驱力。

第四节　早期创业最重要的两件事

一、创业者如何更快找到产品市场匹配

第一件事情是创业团队如何更快地找到产品市场匹配，在创业早期，这是非确定性最大、风险最高、价值提升最高的一环。

找到产品市场匹配是一个结构性的门槛，且越来越不容易应对。因为创业起点可能是一个好的想法，发明一种技术，用这个技术开发产品，开发完了就切入市场。但是，随着教育的普及、技术的发展，好的点子越来越多，好的发明越来越多，技术和产品开发也越来越快。所以要切入的市场是越来越拥挤的赛道。唯一可以做的就是每一样都往前移。如果有好的想法不要等产品出来才去验证，要做行业研究，去找人交流。有一个新技术，也不要先急着开发产品，先去看这个技术可以做什么，先找验证，找信息。核心就是用最低的时间和机会成本去验证这个事情值不值得做，真正能提高成功概率的就是迭代，以及降低试错成本。

二、创业者如何更好地活下去

任何一个企业都是这样，早期发展基本靠融资、靠外部资源。要想明白融资大纲，跟投资者沟通清楚，比如为什么要这笔钱，这笔钱怎么用，有这笔钱公司如何走向下一个阶段。除了融资造血，有时候还要打造造血能力，或者其他的能力。

财务一定要严谨管控，保证足够长的存活时间，做好充分准备，应对不确定性。

“惠人达己，守正出奇”。一个创业项目一定要惠人，对客户有价值才会有人用。同时，创业也必须达己，惠及自身。好的创业项目必须守正，必须创造真正的长期价值，同时也要出奇，做得跟别人不一样。

案例10 发挥强项，做出特色

徐庆，安徽机电职业技术学院信息工程系动漫设计与制作专业2011级毕业生。作为一名大学生，徐庆同学一直将“宝剑锋从磨砺出，梅花香自苦寒来”作为自己的座右铭。也许是因为不富裕的家境，大一的徐庆除了学习外，想得最多的是如何利用课余时间去打工减轻家庭负担，提前体验了社会的酸甜苦辣。2013年9月，徐庆创办了大学城唯一一家专业的画材专卖店——“勾勒画材”，并进驻安徽机电职业技术学院大学生创业孵化基地。徐庆始终用坚强的毅力克服各种困难，耕耘出一片清新的天地，呈现出一个绚丽的人生。他常说：只有播种，才有收获；只有奋斗，才有幸福的人生。他曾在耕耘中舔舐苦痛，却最终收获满满。2014年初，徐庆又创立了美术高考培训班——勾勒美术精英培训。他说，“勾勒”寓意着他将用自己的实力勾勒出属于他自己的未来。

三年里，对于学习他从来没有懈怠，对于梦想他始终坚持。他深知成功的路上会很艰难，但他坚持不懈，努力实现自己的梦想。他热爱美术，所以他在创业项目的选择上，发挥了自己的强项，最终实现了自己的理想。创业的路上会有很多的坎坷，但他一直坚定地走下去，把他的品牌做得更好，更加强大。

第九章
小微企业创业者品质及创业者精神

第一节 创业者品质

富有抱负的年轻人都希望通过自己创业实现人生价值，但是创业成功者毕竟是少数。大多数创业者把失败归结于没有充分做好创业前的各项准备工作，仓促上阵，无心理准备、知识能力准备和相关资源的准备。创业不是冲动，而是建立在上述准备基础之上的理性行动。创业，行动，成功，这是大多数白手起家的创业者走过的共同道路。创业品质、创业精神成为中国创业成功最重要的战略优势。成功必须要维持对创业的热情以及好奇心、知识体系的更新和管理。那么创业者应该具有哪些品质呢？

一、创业心理准备

克里·G.夏沃和琳达·R.斯考特指出："经济环境很重要，市场条件很重要，融资很重要，甚至政府的帮助也很重要，但单凭任何一项也不能创建一个新的风险企业。因此，我们就需要这样的一种人，他胸有成竹，相信创新是可以实现的，并且他有动力坚持到成功的那一刻。"

创业的第一步应该是心理准备，比如你是否具有执着投入的激情和动力，你是否能够坦然承受可能的损失甚至失败，你是不是一个乐观主义者，能否忍受各个方面给你带来的创业压力，等等。

二、胸有愿景

目标明确的创业者对企业的将来有一个愿景，例如苹果品牌的创业者最先就希望他的企业能够提供所有人都能使用的智能设备，这种设备机不仅是一台机器，而且还是人们学习与沟通的媒介和工具，应成为个人生活中不可或缺的一部分。这个愿景帮助苹果品牌成为行业内的领军品牌。

创业者对成功能有清晰的认识，也有成熟的心态。他们从一个机会起步，并通过对机会的理解来指导企业的发展。他们以比较现实的目标为导向，这种较为容易达到的目标使他们能够集中精力选择机会。目标导向能帮助他们认清自己的行为，同时也适当地具有判别业绩优劣的功能。

三、自我激励

创业者是高效率的创新者，他们积极地寻求和实现首创性。创业者乐意在有失败风险的活动中承担个人责任，喜欢那些能够清晰反映个人影响力的场合。在解决问题或填补空白时，创业者喜欢采取原创性的动作，这是创业者表现自我的一种天性。

很多学者研究认为，创业者比一般的管理者具有更高的成就动机，这种成就动机往往会影响创业的决策和所创企业的存续能力。这样的创业者一般都会具有强烈的成就需求和自我驱动。这些内在驱动因素包括：强烈的竞争欲、超越自我设定的标准、追求并达到挑战性目标等。

四、自信乐观

创业者一般都具备自信、乐观、开朗，不易为困难所击倒的性格。他们眼里认为没有解决不了的问题，有的只是需要花费时间去研究分析的问题。即使遇到重大的困难，创业者大都相信自己的能力，不认为事业会被命运、运气或类似的力量改变事情的结果。另外成功的创业者还能够在自信的同时保持清醒。他们不会无休止地攻克一个困难和障碍以至于延误商业行动。如果发现某个任务不可完成，创业者会迅速放弃，所以创业者是自信与理性的结合。

创业之初，想法只是想法，其他的什么都不是。在脑子里面的思想不付诸行动来实现，是不可能见于天日的。同时，他们不能对自己的想法存有疑问，否则，追随者也会产生疑问。

五、具有领导力

创业就是当老板，老板是什么？是一个公司的核心。只有具备领导的能力，才能管理好公司和让人信服。

领导就好比是领头雁，它不能飞得太快，脱离雁阵，失去指引作用；也不能飞得太慢，混在雁阵里，无所作为。一群大雁能不能顺利飞往目的地，看的就是领头雁的功力和本领。一个公司的发展也肯定不是顺风顺水的，多少都会遇到困难和挫折，这时候就得需要有积极的处事应变能力和化解风险的能力。果断的决策必是必不可少的，这些都是一个领导者所必须具备的能力。

六、强大的社交能力

一个好的社交关系，有时候甚至能决定一个公司的生死。通过社交积累的人脉关系就像是一个隐形的财富，这样在需要的时候可以加以利用。扩大社交圈，掌握更多信息，寻求更大发展，使其成为助力成功创业的因素。

第二节　小微企业创业者的人格要求

成功的底色是人格，踏踏实实做事，培养自己的优秀品质和习惯，每天进步一点，才能一步一步地将自己的人格提升和完善。人格的完整程度也决定着人的发展高度。

创业者的人格特性是影响创业成绩的关键因素。这里的特性是指创业者的人品与道德观。在业界具有良好的声誉，重视诚信、公平，人品正直，在识别创业机会时通常都有很好的加分效果。创业者务实与坦诚，拥有开阔视野，定位精准，知道自己能做什么，不能做什么，有包容力、引导力，那么他的创业目标达成度高。创业者具备热爱与相信，诚实面对所有人，有足够的胸怀和气度，专注于自己的产品，追求产品的极致，他的产品获得市场的认可度高。创业者具有强大的忍耐力，忍受别人不能忍受的憋闷、痛苦，是创业者必备的心理素质。创业者的人格有别于一般的人，主要体现在以下几个方面：

一、关心社会问题

事实上，成功的创业者都十分关心政治，具有政治思维，能够吃透国情并善于运用政策，并且有正确的世界观、人生观和价值观。创业者特别要培养对金钱正确的认识。价值观由企业家生活的环境和背景决定，影响其企业及企业的价值观。英国有一个研究者曾经做过一项调查，他对英国800家赢利的小微企业调查后发现，98%的人将“个人获得成功的满足感”列为第一重要推动力，其中70%的人认为是非常重要的因素。88%的人将“按自己的方式做事”，87%的人将“做长远规划的自由”列为重要或非常重要，仅有15%的人认为“给后代留下产业”是非常重要的。货币收益也是重要的推动力，但是在创业者心目中并非是最重要的。目标越高远，越关心社会共同问题，在创业中遇到具体困难时，创业者就越能承受物质上的困难和精神上的压力，并逐步使社会责任贯穿产品设计、制造工艺、原材料获得乃至生产加工销售涉及的各个环节。

二、诚信

诚信是企业家的立命之本，是企业家最看重的财富品质。诺贝尔经济学奖获得者弗里德曼指出，企业家只有一个责任，就是在符合游戏规则的前提下，运用生产资源从事利润活动，亦即须从事公开和自由竞争，不能有欺骗和欺诈。

三、把握机遇

中国市场很大，内涵丰富，需求面大，机会很多，能否赢得财富关键在于能否把握机遇。绝妙的机遇没有重复。创业是一条很漫长的路，那些走到最后的人，从来不单单靠着努力。

四、拥有创业精神

创业精神包括三个主题：第一个是对机会的追求。追求环境中尚未被人们注意的趋势和变化。“创业精神”代表一种发掘机会，组织资源建立新公司，进而提供市场新的价值。第二个是创新。创业离不开创新，创业精神是改革创新的精神。创业本质上属于一种创新活动的行为过程，通过技术创新手段，实现资源的合理利用并为市场创造出新的价值。创业需要创业者具备求新、求变、求发展的心态，以创造新价值的方式为新企业创造利润。第三个是增长。创业者追求的是企业效益能够尽可能地增长。他们不满足于小规模或现有规模，希望自己的事业版图能不断扩张，希望企业的员工能够忠于企业、勤奋工作。具有创业精神，才能让创业者不断发掘自己的潜能，开创新的局面，懂得创新。

五、强烈的创业创新欲望

创业者要有成功的欲望。成功的开始不过就是一个想法，一个强烈的成功的想法，这是奋斗拼搏的动力。没有破釜沉舟不留后路的意识，是不可能发挥出自己的潜能的。

创业者的欲望与普通人欲望的不同之处在于，他们的欲望往往超出他们的现实，往往需要打破他们现在的立足点，打破眼前的樊笼。所以，创业者的欲望往往伴随着行动力和牺牲精神。

因为想得到，而凭自己现在的身份、地位、财富得不到，所以要去创业，要靠创业改变身份，提高地位，积累财富，这构成了许多创业者的人生“三部曲”。

强烈的创业欲望，促使创业者培养忍耐的精神，拓宽更开阔的眼界，把握趋势又通人情事理，锻炼敏锐的商业嗅觉，拓展人脉，有谋略有胆量，能自我反省。

六、注重细节，脚踏实地

创业者既要有优秀的理念，也要有脚踏实地、锲而不舍的意志。创业成功需要创业者全身心投入，有积极的态度和务实精神。一个创业者要想真正地强大起来，就必须在发展之初树立自己的原则。这些原则包括永远不要欺骗合作者，永远不要羡慕别人的业绩与团队，永远不要怨天尤人。创业者在发展初期就如同是在一个坚固的墙体上凿洞，只会凿出一些痕迹而已，但是假以时日定能拓展出一个洞穴乃至于推翻整个墙体。中国人自古以来就不缺少愚公移山的精神、精卫填海的精神，这样的精神是永远值得创业者去学习的。

七、终身学习

这一点已经成为现代社会人一种重要的生存方式和生活方式，也是人们追求幸福与财富品质的主要诱因及原动力。很多成功的创业者，最初的学历不高，更需要不断学习。加强学习不仅仅是跟周围的人学，最重要的是结合自己存在的问题，不断汲取，不断融合，不断改进。总结自己和其他先进企业家间的差距，能力肯定会有很大的提高，梦想最终会一步步实现。

八、领导才能

《创业创造》一书中说，“创业是基于思考和推理，结合机遇、运气和实现目标的行为方式。”机遇和运气所带来的偶然机会驱动创业者创业。创业者需要全盘考虑这一创业行动，并拥有超出常人的领导团队的能力。成功创业者应当具有多方面的才能，诸如决策能力、理财能力、预见能力、经营能力、创新能力、交际能力和聚合能力等领导才能，并拥有一批坚定的追随者和拥护者，使组织群体取得良好绩效。领导才能已成为衡量创业成功的重要标志，优秀的企业是由团队造就的，而非某一个人。在团队里，除了要有技术人才，还要有市场和销售人才。他们可以提供建议，以确保开发的有效性，是促使企业获得成长与创新的重要力量。

九、坚定执着

执着是企业家精神的本色，能够产生创业热情。在中国的企业特别是小微型企业中，由于可利用的资源有限和其他环境因素的影响，创业者就是企业的核心竞争力，是企业绝对的领导者。创业者作为最高管理者，在自己的企业里发挥着不可替代的指挥作用、协调作用和激励作用。创业者的能力直接影响到企业的发展战略和实施效果。态度、实力、方法这三点非常重要，合并起来可称之为执行力。创业者的试错能力、执行力、激情和感染力都很重要。

十、创业激情

创业激情不是一时冲动，而是对事业持久的追求与不懈的努力。创业需要有百折不挠、坚持不懈的意志。保持创业激情，是创业成功的关键之一。创业是一个努力奋斗的过程。创业者朝着既定的目标一步步迈进，途中困难在所难免，每克服一个困难就前进了一步。

激情来源于对奋斗目标的执着。只有对自己的未来有清晰的认识，才能描绘出一幅实现目标的蓝图；只有当自己全身心地相信目标的价值时，才会为实现愿景顽强奋斗。

激情来源于对事业的专注。开车去旅游时，常常会把目的地输入导航设备中，导航系统就专注于所输入的目的地，驾驶者就会专注于语音的提示，按照指引行驶。创业目标的作用也是这样。创业者一旦拥有一个真心相信的愿景，将发现自己会不由自主地专注于目标的价值，并从客户的角度定义和推广产品或服务。

激情让人全身心地投入。当创业者拥有清晰的目标，专注于为他人创造价值后，全身心地投入就非常必要了。

十一、勇于自省

这是正视错误、改正错误的前提。对创业者来说，自省的过程，就是自我学习的过程。有没有自我反省的能力，具不具备反省精神，决定创业者前进的步伐。创业是一个不断摸索的过程，所以要不断自省，不断总结错误，不断学习新的东西，不停进步。通过自省明小势，明白个人的能力、性格、特长，这样在选择创业项目时就会选择适合自己能力，契合自己兴趣，发挥自己特长的项目。

十二、关注价值观

团队的每一个人都可以拥有自己独立的个性，但这一群人必须有相同的价值观。选择感兴趣的事情，与谈得来的人共事，以及从事有希望的事业，是选择职业的三大标准。创业的核心之一就是一定要有正确的创业价值观。

第三节　创业者的能力要求

一、创新力

创新力体现了个体的洞察力。创新力强的人善于发现事物之间的联系，能够产生新颖且有用的创意。创新力是产生新思想、新发现和创造新事物的能力，是成功完成某种创造性活动所必需的心理品质。一个好的创业机会都始于创业者具有创造力的思路或者想法。创新能力是可以激发和提升的一种能力。没有创新，就没有未来。创新是未来的趋势，也是当下我们能够真正感受的一种变化。创新思维是创业成功的翅膀，在竞争激烈的市场中，缺乏创新的企业很难站稳脚跟，改革和创新永远是企业活力与竞争力的源泉。

只有在决策实践中不断创新，在创新中不断积累经验，管理者才能够进行果断决策、提高决策效率，才能形成企业的竞争优势。创业者要有强烈的时代感和责任感，敢于开拓进取不断创新，以活跃的思维不断汲取新的知识与信息，开发出新的产品和新的招式，使自己的事业充满活力和生机。

二、领导力

领导力体现在执行力上。创业是商业活动，必须付诸行动，实现目标的唯一方法就是积极展开正确且扎实的行动。一个企业的成功，除了战略的正确之外还要有强大的执行力。执行是个人完成任务的行为，执行是团队达成目标的过程，执行是组织决策、运营、操作的系统集成。执行力强的人具备多方面的优势，比如自动自发、注重细节、为人诚信、敢于负责、善于分析判断、应变力强、乐于学习、追求新知、具有创意、对工作投入、有韧性、有团队精神、人际关系良好、求胜的欲望强烈等。创业者执行力的发挥，可以使企业围绕总体目标的实现形成一个有机整体，并保证高效率运转。

领导力最能体现在团队作战方面。在创业起步阶段，成功地组织起一个有效的创业团队对创业成功起着至关重要的作用。大量创业事例告诉我们，单个创业者通常只能达到维持生计的程度，要想单枪匹马地发展一家高潜力的企业是极其困难的，最成功的创业者通常是组建起自己的团队、自己的组织、自己的公司。他们与同事、顾问、投资者、重要客户、关键供应商等都要保持有效的工作关系。成功的创业者彼此之间互相支持、互相扶持，而不是互相竞争。

领导力体现在有激励的能力。远见是一种天生的领导素质，它富有超凡的魅力，创业者通过特定方式传递给下属。成功的企业家通过这种能力激励他们员工为他设下的目标而努力，团结员工使他们最大限度地将自己的潜能发挥出来。

三、洞察力

创业者应具备商业头脑，很强的适应能力和应变能力。市场到处都是商机，能否觉察到别人未注意到的情况和细节，能否因客观变化而“动”，是把握企业机遇的关键。灵活适应变化，具备商业嗅觉、商业眼光，已成为创业成功的关键所在。具有逆向思维，也就是反其道而行之。作为一个企业领导者，还要跳出传统思维的框架，别人都走的路，不见得是“光明大路”。

创业者只有具备敏锐的市场嗅觉，才能够在第一时间发现空白，才能针对现有市场状况创造新的需求。创业者所关心的是市场上应该卖什么，而不是它正在卖的东西，也就是所说的战略。动作可以慢一点，但战略一定要看准。机会有很大的偶然性、易变性、不确定性和不可预知性，尤其是在信息不对称、时间紧迫的情况下做出最优决策，就要求创业者头脑灵活，心思机敏。商机的得失可能直接关系到企业的生存与否，成功的创业者大多都能够正确地认识和把握稍纵即逝的机会。

创业者在确立项目、建立商业模式时可能已经付出了大量心血，可市场形势是瞬息万变的，很多时候不得不修改甚至全盘推翻之前的计划。创业者必须要具备很强的洞察力，才能灵活应对变化的形势，能够根据市场和客户需求的变化，及时调整自己的商业计划和经营方式。

四、抗风险能力

抗风险能力表现为冒险精神、气魄、胆识、决断和勇气。商场如战场，不存在无风险之收益，宏观的、微观的、市场的、非市场的风险总在创业者周围弥漫。除此之外，创业者总要在各种诱惑、选择中做艰难抉择。一个创业者如果没有一点冒险精神，没有敢决断的胆识与魄力是要错失发展机遇的。成功的创业者对风险、模糊性和不确定性有容忍度并善于处理悖论和矛盾，对冲突泰然处之。创业者需要承担风险，只有具有风险意识，才能够在创业初始就能够合理规避风险，并把握创业过程中的核心要素。也只有具备一定的风险意识，才能够使新产品、新技术或新的服务走向实际化运作，才能使新创企业渡过艰险的创业过程而迅速成长，走向创业成功。

创业者应通过一定途径积累行业经验，谙熟其参与竞争的技术和市场知识，具有扎实的管理技巧，有效增强创业创新的抗风险能力。每个创业者的风险承受度可能都不一样，一般而言，风险承受度太低或太高均不利于创新创业的发展。风险承受度太低的创业者，由于决策过于保守，相对拥有的创新机会也会比较少。但风险承受度太高的创业者，也会因为孤注一掷的举动，容易让企业陷入险境。一个能以理性面对风险的人，才是比较理想的创业者，由他来执行的创业策略相对才会比较安全。

五、社交能力

创业要想成功，不仅需要自己的创业团队，还要求创业者拥有很强的社交能力，要能结识尽量多的杰出人物，尤其是本行业中的杰出人物。假如在社交方面能力比较弱，那就要有针对性地予以弥补。假如是因为实力不够，则需要付出坚持不懈的努力，在行业中闯出名堂，靠实力赢得人脉。除此之外，创业者的社交能力的重要性还体现在培养和维系客户关系上，要靠稳定的老客户和源源不断的新客户来保持自身的创业活力。无论如何，创业者们需要“组团”对接各种资源。

良好的交际能力是创业成功的加速器。在当今提倡合作双赢的时代，过去那种单枪匹马的创业方式已越来越不适应时代需求。扩大社交圈，通过朋友掌握更多信息、寻求更大发展，日益成为成功创业的捷径。和志同道合的积极者做朋友，获得成功的人的指引可以少走弯路。面对困难和超出自己能力的事，也需要有智囊团的指引或朋友的支持。

第四节　创业团队的素质要求

创业团队的特质和能力既包含团队的总体能力，也包含团队成员个人的生产及技术经验、品质等方面的能力。创业者与团队其他成员对投入产业所拥有相关经验的多少，也会影响创业机会的识别。企业成长的过程中匹配到相适应的团队，才能支撑事业的发展，这是非常关键的。创业者需要认真考虑创业团队，提高创业成功率。发现并利用人才，是创业家进行创业的关键环节。要学会雇用比自己聪明的人，让他们发挥自己的能力为企业做出贡献。创业团队需要三个方面的优秀人才：优秀的管理者，优秀的技术者，优秀的营销者。优秀的管理者是细致的“内管家”、战略的“设计师”，优秀的技术者是执行的“工程师”、发散思维的“开拓者”，优秀的营销者是活跃的“外交家”。

创业团队的发展力、凝聚力和创业企业的业绩是衡量创业团队绩效的主要指标。团队绩效提升，一是靠发展力的提升，通过提高团队的创新性、保持对环境的敏感性和适应性，以及创业资源的积累三个途径实现。二是靠凝聚力的提升，通过增强团队成员间的信任来实现。信任是创业团队高凝聚力的基础，加强团队成员之间的协作，营造合作与竞争共存的氛围。通过改善团队的行为和提升内部绩效可以提升创业企业业绩。

目标和使命一致。创业团队要有大局意识，有远见。团队间第一是要团结，第二要互补，不互补的团队难以长远。只有大家彼此认同了使命感和价值观，并且能够朝着一个共同的方向努力，该团队才是战无不胜的，创业才能成功。

从合伙人到核心团队，创业者需要明确两大基本问题：核心团队需要有哪些类型的人才构成，如果当下的条件不允许的话，哪些人必须是自己的。

企业在创业初期面临这样那样的问题，而传统的直线管理模式已经无法适应市场竞争所带来的各种需求。创业初期的团队往往是由一些比较有经验的领队带着一群新手开展业务，一人分饰好多角色，所以功能部门和业务部门的组织交叉管理就变得非常有必要，并且日益成为一种标准的有效管理模式。作为团队管理者就需要发挥主观能动性，使这个合力产生的效果达到最大。如果团队的合力不如预期的高，管理者首先要想到的是团队中个体能力的问题，诸如个人知识结构不合理，水平不高、思想素质较差等。其次，团队所表现出来的效能与其成员的个人水平，在大多数情况下并不是简单的累加关系。通过强强联手后，并不一定能够取得高效率和好结果。团队的整体效率不仅取决于个体的能力，还取决于整体的联合和磨合情况。而团队建设的目标不是建设一个超豪华的团队，而是在已有的基础上恰到好处地建设起一个团队，在有限的资源下使这个团队的效率最高。团队建设对于一个企业来说是至关重要的，尤其是创业企业团队。在面临这样那样的问题的时候，需要领导者在极其有限的条件下，最大程度地发挥团队的整体作用。只有做到真正的团队合作，成员之间互相信任、互相帮助、取长补短，才能实现团队真正的高效率作战。

相互信任是建立高效管理团队的基础。创业管理团队成员间相互信任是高效团队的必备条件，也就是说，创业管理团队中的每个成员对其他人的个人品质和能力都充分信任。创业管理团队在工作中会发现，在每天的工作中，人与人之间完全的互相信任是非常困难的。所以，这种信任如同花儿一样，需要花大量的时间和精力去培养，不能遇到风吹雨打就前功尽弃。只有内心深处对他人的信任才更容易换来他人的信任，不信任别人只能换回别人对你的不信任。高效的创业管理团队需要维持群体内的相互信任，这需要引起创业管理团队足够的重视。

第五节　小微企业创建成功的关键要素

一、人的因素

人作为创业主体要满足两个条件：要具有强烈的创业意愿；要有足够的创业能力。创业意愿的激发需要在全社会形成浓郁的创业、创新的文化氛围，尊重创新、崇尚创业，尊重人才、保障人才权益，宽容创业失败。鼓励人们讲道德、重诚信、循法治、守契约，使创新创业成为人们普遍的生活方式，使大众关注创业、思考创业并愿意实践创业。加大对创业典型的宣传和表彰，发挥示范带动作用。而且，创业能力的培养要从教育抓起，应加强对高校毕业生的就业指导和创业教育，实施创业引领计划，支持大学毕业生到新兴产业创业。各级政府要鼓励支持创业辅导，大力发展培训机构，使更多有意愿的创业者提高创业能力和创业成功的概率。

广大青年科技人才要树立科学精神，培养创新思维，挖掘创新潜能，提高创新能力，在继承前人的基础上不断超越。

二、资本的因素

大众创业尤其是“草根创业”，往往以自有资金或向亲友筹措为主。创业是有风险的，一旦创业失败，创业者及其家庭将陷入生活困境，偿还借贷就变得困难，所以，向银行借贷也成为创业者很好的选择。创业资金的外部融资渠道是否畅通成为大众创业浪潮形成的关键因素。首先，政府可设立大众创业的风险基金，确保创业后续发展资金的不断链。政府应该进行金融结构改革，金融结构中应有一部分专门为创业者服务的中小银行。国家管理的大额基金应该加大对创新创业投资比例。此外，要鼓励和支持创业者股权融资，促使社会资金从虚拟经济流向实体经济。

三、机会的因素

《21世纪创业》的作者杰夫里·A.第莫斯教授提出，好的商业机会有四个特征：第一，它很能吸引顾客；第二，它能在你的商业环境中行得通；第三，它必须在机会之窗存在的期间被实施(机会之窗是指商业想法推广到市场上所花的时间。若其他竞争者已经有了同样的思想，并把产品已推向市场，那么机会之窗也就关闭了)；第四，你必须有资源(人、财、物、信息、时间)和技能来把握这个机会。

对于创业机会的寻找和把握，一方面取决于创业者对创业信息、机会的搜寻和认知能力，另一方面取决于政府创业机会的供给能力。从政府角度而言至少有四个方面工作要做到位：其一，加大对现有创新创业政策的宣传和解读，让创业者更多地了解创新创业所能获得的培育和扶持政策，增强创业成功的概率和信心。其二，打通科技成果转化通道，加快科技成果使用处置和收益管理改革，使科技人员愿意创新、愿意创业、愿意转化，鼓励各式各样的成果直接用于创业、合作参与创业、转让促进创业。万众创新必然会带动大众创业。其三，营造公平有序的市场环境，变更多“特惠”政策为“普惠”政策，破除行业垄断，降低市场准入，取消非必要的行业限制。对于一些新型业态、商业模式的创新，要给予法治保障，对其保护、规范、监管，促进公平竞争，维护市场秩序。第四，加快社会创新，引导和支持创办社会企业，实现政府、企业和公益组织、媒体等跨界合作，解决青年教育、养老护理、妇女就业困难、残障人权维护等社会问题，同时为大众创业提供更多的渠道和机会。

四、政策体制因素

政策体制是大众创业的条件因素和保障因素。第一，政府放权让利做“减法”，推进简政放权，简化行政审批手续，推进投资创业便利化。第二，制定分类引导的创业政策体系。目前通常将创新与创业概念模糊不分，其实，即使创新也不等同于高科技产业，创新包括技术创新、管理创新、模式创新、业态创新、市场创新等，当前政策支持或资金供给均倾向高科技产业的创新创业，而忽视其他行业和群体。大众创业更多是“草根”创业，缺乏高新技术支撑，也多与传统行业相关，但这些创业可能涉及业态创新、模式创新，尤其是“互联网+”的运用。他们的创业对于增加就业、扩大内需具有重要贡献和意义。因此制定分类引导的创业政策体系，能够更好地激发大众创业热情。其三，进一步推进融资体制、税收、流通体制改革，增加服务行业的创业机会，同时为其他行业创业提供便利条件。完善法律环境建设，加强事中事后监管，依法惩治违法行为，保护知识产权，建立诚信经营、公平竞争的市场环境。进一步健全有利于大众创业的政策体系，落实和完善鼓励大众创业的税费减免、小额贷款担保、资金补贴、场地安排等培育扶植政策，形成政府扶持创业、社会支持创业、大众乐于创业和敢于创业的新机制。

第十章

小微企业转型升级类型与模式

第一节　转型升级的战略背景及意义

《“十四五”规划和2035年远景目标纲要》对“建设数字中国”做出了重要部署。大中型企业信息化、智能化、数字化转型升级早已开展，有的已经相当成熟，一些地方也已经培育了不少数字经济龙头企业，在消费互联网和工业互联网领域体现出了突出优势，而小微企业受多种因素的制约，信息化、智能化和数字化转型升级严重滞后于现代社会发展的步伐。

我们正处在第三波数字化升级的大浪潮中，移动互联网、大数据、云计算、人工智能、区块链、物联网、5G等企业级信息技术的发展与应用，赋予了企业重塑管理、生产、经营模式的巨大动能。在三次数字化升级浪潮中，IT行业、互联网行业、第三方支付行业都根据自身所长，从不同角度为各类企业提供了专业的数字化升级服务，大力推动了各行业的数字化转型进程。

一、转型升级的背景

（一）我国社会主要矛盾变化促使小微企业加快转型升级

党的十九大报告指出，我国当前社会主要矛盾是人民日益增长的美好生活需要和不平衡、不充分的发展之间的矛盾。在日益增长的物质文化需要得到满足、生活水平大幅提高的基础上，人民期盼有更好的教育、更稳定的工作、更高水平的医疗卫生服务、更舒适的居住条件、更优美的环境，需要更多的获得感和更高的幸福感。小微企业与人民的生活联系最密切，解决当前的社会矛盾，非实现智能化数字化转型不可。

我国经济发展正处于转变发展方式、优化经济结构、转换增长动能的关键期，正处于第三次消费结构升级阶段，生存型消费向发展型消费和享受型消费转变，将会为小微企业创造广泛的服务业需求，智能化、数字化技术不仅会加快服务业增长的速度，而且能够产出满足人民美好享受需求的产品。

（二）小微企业发展现状要求加快转型升级

长期以来，小微企业大多属于劳动密集型企业，所从事的行业多为传统产业，企业管理多为家族式管理，主要依赖低工资成本、低环境成本、低资源成本竞争和个体分散竞争，基本处于产业链分工的低端位置，缺乏核心技术和自主品牌，严重制约了经济由粗放型向集约型的转变，也制约了中小经济实体持续发展壮大和效益的提升。

我国企业已经进入高成本时代，融资难度加大、生产成本上升、通货膨胀等一系列因素，进一步加重了小微企业生产经营压力。小微企业的生产与民生的联系更直接，且大多数小微企业处于传统低端产业链条，新形势下普遍面临着成本上升、产能过剩、利润下滑等问题，而智能化数字化转型升级是它们解决问题的根本途径。

小微企业面临一定的生存困境，突出表现为“一难”，即盈利难，“一难”的外因是“一高”，即成本高；内因是“两低”，即产品附加值低和科技含量低。因此，转型升级、提升科技含量和产品附加值是中小企业实现可持续性发展的必然选择。

（三）经济发展新常态促使小微企业转型升级

当前，我国经济增长速度进入换挡期，结构调整面临阵痛期，企业发展面临政策消化期。“三期叠加”的大背景下，资源环境压力日益加重，人口红利优势逐渐消失，过去那种拼资源、拼环境、拼投资的老路再也走不通了，除了积极探寻新的发展路径，别无他途。新旧转换间，发展动力从何而来？毫无疑问，只能从转型升级中来，从结构调整中来。唯有加快产业转型升级，走智能化、数字化的发展道路，才能主动适应并引领新常态，充分释放发展内生动力，调动各种积极因素来对冲经济下行压力，实现有质量有效益的增长。

（四）新冠疫情加速小微企业转型升级步伐

小微企业的行业类别多为批发零售业、餐饮、租赁和其他服务等行业，而这次疫情中，这些行业受影响最大。疫情的出现使企业线下业务无法正常开展，各地交通管制也严重影响了物流运输的效率。同时小微企业又多是劳动密集型企业，疫情的影响使得企业用工遇到困难，营业收入严重下滑，现金流紧张，且规模越小的企业抗击疫情风险的能力越弱，最终影响企业的正常生产运营。招商银行的小微企业调研报告指出，2020年，接近1/4的小微企业表示遭受疫情严重冲击，经营已陷入困境的占16.9%，5.8%的小微企业面临倒闭风险，67.1%的小微企业预计现金流无法维持三个月以上，只有15%的小微企业现金流可以维持6个月以上。清华、北大联合调研995家小微企业的报告指出，29.6%的小微企业2020年营业收入下降幅度将超过50%，58.0%小微企业营业收入下降20%以上，只有4%的小微企业认为营业收入下降幅度小于10%。

二、转型升级的意义

全产业链智能化、数字化升级是小微企业的突围之路。

（一）助力解决小微企业融资难困境

由于小微企业存在大量财务管理不规范问题，财务报表缺失或虚假导致商业银行无法掌握企业真实情况，进而难以进行有效的风控和授信。同时由于大部分小微企业融资需求频率高而融资金额小，对于商业银行而言，面对贷款金额小、坏账风险高的业务很难有动力去进行高成本的放贷工作。

有数据显示，疫情期间小微企业对于短期债务偿还及员工工资发放都有不同程度的压力，产生了大量的融资需求，融资难的问题更加严峻，因此进一步凸显出对小微企业融资业态全面改造的必要性。传统融资模式的痛点正是商业银行小微金融数字化转型的驱动因素。数字化升级的赋能，使得商业银行可以有效降低风控成本与坏账风险，从而有效解决中小微企业的融资难困境。

（二）助力小微企业商业模式转变

疫情给小微企业带来冲击的同时也带来了新的机遇，一些原本数字化程度高的企业，诸如电商平台、线上教育，知识付费等线上项目迎来了空前热潮，但平日线上业务空白、主要以线下业务为主的企业首当其冲，暴露出获客能力弱、经营模式单一、供应链运转难等短板。能否实现线上线下一体化服务模式转变，成为疫情期间许多小微企业能否生存的关键点之一。且从长远来看，突破单一线下经营模式，有助于提升企业抵御风险、多渠道获客、精准营销等综合经营能力。

（三）助力小微企业内部管理效率提升

随着疫情得到控制，各类企业陆续进入复产复工阶段。企业为保证有效防控必须采取灵活办公模式，无疑都是后疫情时期对小微企业提出的新挑战。由于许多小微企业平时并未注重远程智慧办公平台的搭建，同时也并未实现智能化管理，此时暴露出组织架构不清晰、无法快速准确调整和传达目标计划方案、运营管理混乱等问题，这些因素使得许多小微企业在特殊时期显得尤为吃力，开源节流更无从谈起。利用互联网平台开展线上办公、视频会议、远程协作，利用云平台建立灵活化组织架构，进行高效绩效管理、财税管理，利用大数据进行资源协调、决策输出等，成为小微企业转型升级的重要一步。智能生产以及产业链协同是真正为企业带来降本增效的长期发展战略。

（四）助力小微企业产业集群内网络化协作

小微企业除了自身经营薄弱外，产业集群内各企业的链接较为松散、没有统一平台使其形成协同作用等问题也较为突出。首先，一类小微企业凭借自身所长“单打独斗”，困境中难以迅速应对、保全自身；同时还有一部分小微企业是处于行业产业链中的一环，承担代工、销售等单一角色，因此更加不可避免地会受到产业链上下游的整体影响。产业集群内小企业要以网络化协作弥补单个企业资源和能力不足，通过协同制造平台整合分散的制造能力，实现技术、产能与订单共享。产业集群内的有效协作不仅能联合抵御外部形势变化，同时还能够提升整体生产效率，节约社会资源。

第二节　转型升级类型与模式

小微企业转型升级的重点在于促进数字技术与实体经济的深度融合，让智能贯穿生产的全过程，加快推动产业数字化、生产智能化转型。

一、转型升级类型

（一）以生态建设为抓手，促进小微企业向绿色发展转型

通过智能化、数字化技术手段，走以“技术改造，环保升级”为核心的转型之路，无论是发展方向转型，还是现有企业升级，都要把节能环保、绿色发展作为前提。中央提出如期实现2030年前碳达峰、2060年

前碳中和的目标，任何一个企业都要负起责任。投入先进的智能化技术，淘汰传统落后的高能耗低效率的生产方式，让企业朝着绿色方向转型，是所有企业必须选择的发展方式。

（二）以平台建设为载体，促进小微企业向集聚发展转型

产业集群和产业集聚已成为我国小企业发展的大方向。在产业集聚区内，中小企业离配套供应商越近、专业化分工越细、产业链协同程度越高，产品就越有竞争力。产业集群内会迅速形成“小产品、大配套”的产业发展格局，可以有效降低中小企业的生产和管理成本，提升企业核心竞争力。

（三）以培育新经济为目标，促进小微企业向多元发展转型

利用“创客中国”等有影响力的小企业创新创业大赛机会，收集创新项目，及时进行项目的落地孵化。小微企业势单力薄，但经营灵活，不一定非要往机械电子等对技术要求高的行业上发展，比如投资乡村旅游、生态旅游、创新养殖产业等，也是非常适合小微企业创新的途径。

二、智能化数字化转型升级方法

（一）小微企业、政府、金融机构三位一体

小微企业作为创新主体，政府、金融机构要辅助其完成创新。政府出台鼓励支持政策，加大专项拨款的额度，大力实施税收优惠政策等，从政策和资金两方面对科技型小微企业的技术创新和发展提供支持。金融机构根据不同类型小微企业的特点，对其金融服务和金融产品进行创新，推出与不同类型小微企业相匹配的金融服务和产品，满足其开展技术创新活动对资金的需求。

（二）建立现代企业治理体制

体制优势是小微企业赢得竞争优势的关键。小微企业要继续获得市场竞争力，注重借鉴现代企业治理结构中所有权和管理权分离的模式。小微企业大多采用“家族式管理”模式，难免有家长作风、组织内耗、任人唯亲等弊端，因此，应注重吸纳家族以外的优秀管理人才充实经营管理队伍，摒弃个人主义和经验主义，提高企业的自身素养。

加强企业管理，抓好自身转变。小微企业要努力克服自身的局限性，不断更新理念，苦练内功，提升决策水平、管理水平、创新水平，提高企业家综合素质。要重视企业内部的制度建设，增强正规化经营能力。引导企业诚实守信，努力打造重合同、守信用的企业，通过良好的信誉赢得外部的金融支持。围绕客户来整合各种资源，真正建立以客户为导向的事业体。事业群里面也不再搞“金字塔式”的管理，而是基于客户群体形成大项目里套小项目的项目合作制，一个事业群里面有无数个项目组在合作。抓住互联网聚焦、快速、灵活的优势，在事业群里面充分发挥民营小公司的灵活性和创新精神。

（三）扶持人力资源

智能化、数字化的推广，关键在于人才。小微企业要留住人才，用感情留人、环境留人、待遇留人、事业留人。鼓励员工学习，加大员工培训力度，培养学习型员工，创新企业文化。与高等院校建立长期合作关系，建立梯度的企业人才储备库。积极引进高素质复合型人才，培养科技型、实用型人才，加紧培养职业经理人队伍，充分利用现有职业教育资源，搞好职业技术培训，提高产业工人的职业技能，提高“草根企业家”的视野和经营管理水平。

（四）加快数字技术建设

企业数字化，是通过数字技术拓宽企业的战略模式。通过数字价值，为企业数字化转型赋能，创造建立新的价值理念。数字化是企业转型与变革的一个重要趋势，在“数据+算法”定义下，以数据化解复杂系统的不确定性，优化资源配置效率，构建企业新型竞争优势。通过数字技术对商业重塑，进一步重构业务运作的模式和商业运转的逻辑，从而成为赋能企业商业模式创新和突破的核心力量。

《创业报告2020》显示，2019年我国小微企业比上一年增加1500万家，总数约9500万家。在9500万家小微企业中，接入O2O平台的小微企业数占比总数不及10%，而拥有智能设备的中小微企业数量则再减半，小微企业数字化程度整体较低。基于传统经营模式的小微企业，缺乏线上、线下一体化经营能力，其数字化升级的第一步通常是“触网”，即接入O2O平台获客导流。在具备初步拓展获客能力之后，小微企业面临着更为复杂的经营管理工作以及更剧烈的同行竞争，因此转型数字化门店，全面提升经营能力才是小微企业立足行业的必经之路。

案例11　数字化技术让传统印染进入智慧时代

2020年2月，绍兴英吉利印染有限公司总经理王文俊和北京数制科技有限公司创始人王江相识刚好一年。虽然时间不长，但是二人可以说是相见恨晚、一拍即合，因为他们看见了技术、数据、互联网为印染这个传统行业带来的无限机遇。

传统的中小印染企业，从打样的样板单到批量生产的计划单，极易产生大小样差异、生产工艺不稳定、一次合格率低等问题，造成能耗、材料和人力成本的大量浪费。如何改变传统生产模式，提高企业效益？王文俊决定探索一条印染产业工业互联网之路。

2019年10月，英吉利印染引入的北京数制科技研发的“智慧印染”

互联网平台正式投入运行，该平台能实时采集工厂运行数据，实现生产过程精准控制，直接解决印染行业最关注的成本、质量、交期、环保四大难题。这颗充满了智慧的“印染脑袋”让染色一次成功率提升了5%，直接节约成本约500万。

推动小企业数字化转型，深入推进“互联网+小微企业”专项行动，引导和鼓励小微企业应用移动互联网、大数据、物联网、云计算、人工智能等新一代信息技术，提升产品技术研发和应用能力，是国家推进小企业转型升级工作的重要组成部分。企业主要研究实施小企业智能化改造政策措施，聚焦重点领域和关键环节，重点研发智能化，数字化解决方案，加快技术集成应用，完善服务体系。劳动密集型小企业要上“云”，通过协同制造平台整合分散的制造能力，实现技术、产能与订单共享。国家也不断加大对小企业改造提升信息化水平的支持力度，推动柔性化生产、管理流程再造和数据资源开发。

“支付+”赋能小微企业数字化升级。我国移动支付普及率达80%以上，稳居世界首位。对于一个具体商户而言，有经营活动便会产生支付需求，因此其最刚需的环节便是支付。回溯小微企业的数字化升级之路，很多便是从一张二维码开始的，而提供智能收单技术便是服务B端的第三方支付公司为商户提供数字化服务的第一步。将支付作为一个入口，第三方支付公司得以迅速在各类小微企业中铺设智能终端，以及与其相连接的后端平台。同时，第三方支付公司在为商户提供收单服务的过程中，逐渐累积起大量的用户及商户双方的交易数据，并基于数据展开营销、管理、融资等全产业链的数字化升级服务，助力小微企业经营所涉及的人、货、场、资全部环节实现数字化。相较于其他类型公司，由于第三方支付公司本身的支付业务已完全跑通，因此能够以较低的成本快速通过支付紧密联结小微企业，并同时向其提供“支付+”组合服务。第三方支付公司经过多年的发展与累积，其角色已从简单的支付通道提供方，转变为小微企业全产业链数字化升级的综合服务商。

（五）走“专精特新”的道路

首先，提升小微企业的创新能力。主动对接高校和科研院所，以研促产，以产助研，组建产业联盟，形成优势互补、利益共享、风险均担的合作机制。积极制定知识产权战略，在品牌树立、专利技术申请、知识产权保护等方面做出成效。

第二，争取国家财税金融支持。企业要准确把握国家对小微企业的扶持政策，及时与国有商业银行及地方银行合作，获得它们对企业“专精特新”项目的专项资金支持，并且能得到信贷规模的稳步提升。

第三，加强与大中型企业的协作配套。“小规模，大协作”是小微企业走“专精特新”之路的支撑，具有“专精特新”特点的小微企业往往是大中型企业合作追逐的对象。小微企业要主动构建功能齐全、层次分明、系统合理的协作平台，将自己纳入大中型企业的生产群体，形成围绕市场、技术等因素构建起来的新型企业网络。

第四，聚焦主业，突出专业化生产。在某一行业或细分领域内精耕细作，生产精细化、产品精品化、管理和服务精良化，提升其细分市场的优势和市场占有率。

（六）整合产业链的上下游资源

小微企业数字化升级并非简单地将线下内容转移至线上，而是通过互联网线上手段，进行业务拓展，提升客户价值，管理订单、物流和配送等一系列经营环节，打造人、货、场、资全链接O2O模式，真正实现企业品牌和服务升级。

整合产业链上下游资源，对不同行业有着不同的意义：可稳定经营，应对经营风险；可降低成本，提高利润；可通过多元化经营开拓新的业务，增加利润增长点。

向供应链的上游延伸发展。如果原材料成本持续居高不下，或者原材料的质量和产量都极不稳定时，小微企业可根据自身的经营情况瞄准市场，选择有一定市场潜力的产品，向供应链的上游延伸发展。

向产业链的下游延伸。比如原来从事畜禽养殖的企业，通过增加肉类加工和以原产品为原料的新产品研发和生产等业务，来拓展新的市场。这样做，既消化了原有的产能，又满足了更多的市场需求，为本企业增加了新的利润。

从制造业向服务业延伸。比如，原来专门从事汽车零部件生产和销售的企业，可通过增加汽车修理服务，实现制造和服务的一体化运作来延伸产业链，使得产品的销售、使用和维修实现一条龙服务，以此提升顾客满意度并开拓新的赢利增长点。

案例12 线上线下联动打造新品牌

2016年10月，金蝉布艺与阿里巴巴联手，塑造出“万家帘品”这一品牌矩阵，为全屋定制窗帘客户提供线上交易、线下体验的大型O2O专业服务，直接建立厂家与终端消费市场的“直通车”。“金蝉”“众茂”“连天红”等18家生产企业品牌率先入驻，其中包括拥有百年历史的法国品牌Des ettofes。顾客在线上下单，可以到就近的加盟店去实地体验，还能享受量尺寸、上门安装等服务。此外，线下门店还推出了VR体验、3D效果设计、免拆装洗护等多项服务，也大大提升了客户的服务体验。金蝉在试水“电商反哺实体 线上线下联动”的新商业模式的过程中，脱去了传统商业模式的外壳。

（七）加速商业智能化

根据《中小企业促进法》的精神，国家支持中小企业在研发设计、生产制造、运营管理等环节应用互联网、云计算、大数据、人工智能等现代技术手段，创新生产方式，提高生产经营效率，致力于为当前传统小微企业的商业智能化破局提供思维的火花，探索出一条全新的商业化道路来。

商业智能化是未来最重要的一个趋势，其核心是未来商业的决策会越来越多地依赖于机器学习、依赖于人工智能。机器在很多商业决策上将扮演非常重要的角色。工业时代标准化是标配，个性化是奢侈品。当今所有的企业要么就是数字化原生企业，要么是数字化重生的企业。在这样一个大的变革背景下，一切商业智能化的趋势都不可阻挡，而创新则是唯一的途径。

小微企业要入局智能商业，需要企业领导者有智能商业意识、长远发展格局，但仅有意识和格局还是远远不够的。企业转型是一次变革，对现有管理团队和员工的工作思维、工作方式和工作习惯提出了新的要求，需要对全员进行疏导与培训，增补、调配相应的人员。同时，由于入局智能商业必然会涉及业务的网络化和数据化，所以在这些方面需要进行必要的投入。其实不同的行业拥抱智能化都必须要与同行业特点相契合。每个行业的使用场景首要解决的就是用户痛点问题，可能都会有不同的路径，这些不同的场景、不同的用户所形成的智能化消费体系就是小微企业需要着力挖掘的点。

第十一章
小微企业创业创新案例评述

在小微企业的创业者中，有一部分是“机会型创业”的精英者，他们学历较高，多是本科、研究生，创业领域多是电子、信息、生物医学等科技产业，创业投资有基金、股份介入。也有这样一些人，他们来自农村，被称为“草根族”，文化学历都不高。他们弃农从商，选择创业创新是为了改变自己和家族的命运，创业的地点有的选择在城市，有的依然在农村，这样的创业属于“生存型创业”。

相比于机会型的创业者，“草根族”的创业不太显眼，有很多人甚至被忽略。可能有人认为他们不算成功的创业者，研究起来意义不大。其实，他们的创业经历对初次涉足创业的人很有启发。现在的创业创新群体，大部分是高学历者，但他们创业起步时要面对的各种情况与“草根族”的生存型创业是相似的。“草根族”的创业思路非常具有借鉴价值。深入了解低起点的创业者，从他们身上探索创业精神的内涵，我们更能深刻体会到在创业经济的时代里，担负起经济发展和解决就业重任的正是这些“小企业”。

案例一　产品精细化制造中的智能化技术应用

公司名称：深圳市益达精光学科技有限公司

成立时间：2009年

法人代表：吴照志

经营项目：手表玻璃镜片加工制造

吴照志高中毕业后就开始进入工厂做工。那时电子表刚刚兴起，深圳的电子表生产企业急需大量工人，吴照志就去了一家工厂做电子手表元器件装配工。此后换了好几家工厂，但一直都是电子表工厂，渐渐地对这个行业有了更多的了解，熟悉了生产、销售等重要环节。五年后，吴照志也开办了一家公司，承接电子表装配业务。由于产品的档次低，质量不好，上游公司倒闭，吴照志的装配公司也停业了。

他没有转行，依然在手表行业寻找创业机会。通过以前做装配工开公司积累的人脉资源，他决定另开公司，承接手表镜面玻璃生产业务，并且公司地址仍然选择在深圳。这主要是看中深圳手表生产行业的良好环境。公司初创时有设计师4人，机器操作员工30多人，业务员5人，投入资金160万，为天王、飞亚达等国产机械手表和电子手表厂商提供镜片配件。那时候用工成本低，生产工艺基本上是手工操作，拉业务、采购原料等都是靠业务员登门联系洽谈。随着电子信息技术的应用，公司投入资金200万元购置自动化设计生产设备，引入智能生产技术，生产效率大大提高，一线机器操作与监控员工减少了一半，增加了产品设计人员。业务范围比以前更广了，承接了卡西欧、DW等知名品牌在深圳的代理制造商的镜片业务。

企业自动化升级主要在三个环节：设计，生产，检测。独特的设计是让产品优秀的第一关。传统的设计依靠直觉设计和经验设计，产品简单，逐渐地满足不了市场的需要。这时候，公司决定改变设计手段，引入先进的CAD技术。手表品牌多，同一个品牌下也有许多式样，玻璃镜片的规格自然各式各样，设计靠直尺、加工靠机床，且不说精确性如何，单就产量也非常有限。随着数控技术的发展与应用，公司及时引进了机器人。机器人属于加工制造系统中自动化系统的成员之一，机器人可以感知工件表面的缺陷并自动进行纠正。在添置了现代化设备后，加工效率有了成倍的提升，产品的数量和质量都有明显提升，产品缺陷率下降了80%。手表玻璃镜片瑕疵检测是镜片生产中的一道重要生产工序。企业为了提高生产质量，在此工序上投入了大量的财力和人力。传统的镜片瑕疵检测是靠目视，仪器简单，只需要明视力、暗背景即可，检测人员占一线操作员工的10%以上。但是目视法检测瑕疵局限性很大，检测缺乏客观性，对检测人员的技术要求很高，没有半年以上的业务培训是不能胜任的，工人劳动强度大。检测所需的化学试剂对人体健康也有一定的危害。检测人员多，增加了企业的用工成本。为了减员增效，企业引进了自动化检测生产线。瑕疵分为气泡、划痕、水波纹和颗粒物等，自动化检测系统借助光学成像原理，快速识别瑕疵种类及其等级，并及时将检测分析结果反馈到设计、生产等环节。信息共享，这是数字化技术应用的优势。

案例评述：吴照志的学历并不高，没有经过高等院校的专业学习，创业过程就是在实践中的自我摸索。他从开始进工厂做普通的工人，到自己开办公司，前后有14年的时间，积累了实践经验，成为这个行业的行家，掌握了商业资源，特别是熟悉了该行业的业务来往。这些都是他后来独自创业的宝贵资源。

深圳是全国电子产业集聚地，国内外很多知名品牌手表都在深圳设立了零部件生产基地，这里业务量大，专业人才多，所以吴照志选择在深圳投资手表镜面玻璃生产，就是为了充分利用深圳电子城的优势。创业地点选择有各种理由，但至少要有一个特别突出的优势可供利用。

科技是第一生产力。手表镜面玻璃生产属于精细化生产，特别是高档手表，对镜面玻璃的要求极为严格。将智能化技术应用到每一个环节，从设计、加工到检测，全面实现现代化生产，是电子产业精细化的必然选择。深圳市益达精光学科技有限公司在技术方面紧跟时代甚至超越时代，是企业发展的保障。

案例二　智能化技术助力驾驶培训

公司名称：厦门爱学车科技有限公司

成立时间：2000年

法人代表：吴佩平

经营项目：驾驶培训，汽车服务

厦门“爱学车”汽车驾驶服务项目由有多年驾培行业管理和互联网创业经验的团队共同创建。公司开始创办时，有教练车10台，1500平方米训练场地三个，分布在厦门集美区、翔安区和同安区，专职教练员六人，后勤人员三人，启动资金120万。公司从开始创业到形成规模仅两年时间，经过20年的经营，目前在学学员稳定在230人左右。

由个人汽车修配、专业驾驶才能与厦门驾驶培训市场之间耦合发现创业机会后，吴佩平善于将现有的资源与市场需求结合在一起，开创新企业。拥有在某个领域专业知识的人，会比其他人对该领域内的机会更具警觉性与敏感性。较好的专业知识是公司快速成长的关键因素。

创业人格品质是创业行为的原动力和精神内核。创造力强，开朗阳光，善于沟通，这些都是吴佩平创业成功的品质。他将全部竞争能量都用于企业市场竞争和实现企业发展目标上。

创业之初有充分的准备。前期，吴佩平通过市场调查，了解学员愿意支付的学费额度。根据用户心理来定价，这是一种基于用户购买心理进行创业的策略。

现在，在智能化数字开始应用的环境下，企业正面临智能化数字化转型。

随着我国学习驾驶技术群体存量的被消化，现在的适龄人群占据学驾的绝对主体。公司对平台内的学员数据统计后发现，25岁以下的人群占比近40%，35岁以下的占比超过80%。这样的学员群体，对智能化数字化技术已经有所了解，有的已经接触到了一些。

市场竞争激烈化。学驾群体存量的逐渐消化，人口红利的消失，同时伴随厦门驾培机构数量的逐年增加，以及面临培训市场规模稳定不增的局面，行业出现供需失衡，吴佩平的企业面临更大的竞争压力。教学车辆培训能力远远大于实际培训需求，致使行业同质化竞争加剧，市场竞争激烈。传统的教学模式肯定不能适应市场竞争的需要。

培训市场区域化。虽然驾驶培训与考试分离，但驾驶培训市场的区域化经营特点依然非常明显，从交通、出行时间、费用等成本因素以及学车便捷性的角度考虑，学员优先选择在其居住或工作地附近学习驾驶，学驾集中度高。如何运用现代技术来解决培训市场区域化的问题值得探索。

服务需求多样化。学驾群体的年轻化，以及当前我国放开70周岁以上人员的学车限制，学驾群体受教育程度不同，学驾群体整体呈现多样化，学驾群体在学习驾驶时，其服务需求也呈现多样化。对不同年龄段的学员，怎样区别对待，仅有经验未必可行，借助现代技术辅助教学，对不同层次的学员将有很大好处。

智能技术的应用也将为整个驾培行业实现降本增效。智慧驾培模式将减少驾驶培训对生态环境产生的影响与依赖，可打破固有区位、训练场地及时间等因素干扰，节约驾校人力，并降低驾培行业的安全风险和运营成本。保守估计，驾校的运营成本整体将降低30%～40%。

汽车智能化发展趋势下，驾培行业也在发生深刻变革。

事实上，随着汽车智能化程度不断提高，辅助驾驶功能已让驾车水平不再取决于驾驶员的经验及技术。“老套”且“死板”的传统驾培模式将不再适用，驾培行业需要在教学方式上进行革新。

眼下，整个驾培行业都在担心被无人驾驶技术所取代。基于我国复杂的路面情况，无人驾驶的实现仍有很长的一段路要走，而在这一过程中，驾培行业也要做出相应改变。

据了解，北京、上海等地的驾培机构陆续开始智能化转型，计划通过5G、VR、AI智能等技术的应用，实现在教学模式上的升级。

目前，公司已有两台教练车装备了AI机器人教练，用于科目二和科目三的教学，不久将有更多的新能源智能教练车、VR智能驾驶培训模拟器投入使用，这也是未来驾培发展的一个方向。

VR智能驾驶培训模拟器可在道路训练实现场景化、标准化，还可模拟现实生活中比如超车、高速路上爆胎、刹车制动失灵等高危险性场景，从而让学员进行防御性训练。VR、AI智能等技术的应用，让传统驾培模式由应考教学向素质教育转变，学员整体通过率较传统训练模式提高了10%左右。

通过电动化和智能化技术的快速应用，公司此前延续20年的行业生态或将就此改变。

案例评述：吴佩平在汽车驾驶领域有一定的专业知识，比其他人对该领域更具警觉性与敏感性。对厦门驾驶培训市场的充分调研，使他精准把握了市场需求。他的调研范围广，包括学员群体年龄趋势、学费心理意向、市场区域设置、行业竞争动态等，全面掌握了市场，为创业做足基础功课。创业之前的市场行情要熟悉，调查研究是必需的步骤。调查研究有多种方式，考察，问卷，个别谈话，媒体资源，官方统计年表，等等。

坚持科技引领发展的方针。“爱学车”积极应用现代科技服务驾驶培训，及时将当前最先进的智能技术应用到培训实践中，吸引学员报名培训，扩大公司业务量，提高培训质量，缩短培训周期。投资智能化技术要有资金支撑，更要有先进理念，还要有对最新科技的了解。所以，一个成功的创业者需要具备全方位的能力。当然，一个人可能做不到全能，这没关系，创业者只要具备领导才能，选择合适的人才，组成一个团队，也可以让这个团队具备全方位的才能。

2021年8月，安徽芜湖海螺水泥公司箬帽山矿区，巨大采矿作业平台上，没有一名采矿工人，只有数台标记着“无人驾驶”的重型矿车在开采工作面上来回忙碌。海螺集团启动5G应用探索，完成全球首个5G“超级上行端到端”创新商业技术应用。无人驾驶汽车采用毫米波雷达和激光雷达融合技术，建立基于多传感器信息与网联信息融合的环境感知系统、定位系统，矿车在可控范围内行使。这说明，智能化信息化技术运用在驾驶端已经开始。

案例三 大数据助力电商运营平台升级

公司名称：南京金铄电子贸易有限公司

成立时间：2006 年

法人代表：邹友强

经营项目：3C 电子产品

该公司创办时仅有员工 6 人，到 2021 年增加到 79 人。在创业初期，企业做的是实体销售，规模比较小，邹友强认为凭借个人智慧就足够了，不需要很多的管理制度、组织建设，把大部分时间放在企业经营和管理上，因此企业得以安然发展。随着企业规模的扩大，员工人数的增加，企业的流程变得比以前复杂了很多，他明显感觉到仅凭个人感觉做事、凭一己之力是不足以维系的，也就是说依靠传统的营销方式适应不了市场的需要。

互联网的广泛应用，使传统的线下经营市场日趋艰难。智能化技术在零售领域得到应用，智能化的运作需要有大数据予以支撑。想要在市场竞争中获得优势，就要架构大数据战略，从大数据中了解电商行业市场构成、细分市场特征、消费者需求和竞争者状况等众多因素，制定应对方案，保持企业品牌市场定位的准确性和独特性，提高品牌市场的接受度和认可度。企业初期的数字化进程还是相当缓慢的，邹友强选择最合理的数智化转型方式——钉钉，后来再做一个网站，逐步涉足互联网电商。这个进程并不快，因为中间出现很多瓶颈。这些瓶颈包括了人力资源的不足，技术硬件的不完备，软件技术开发的局限，以及互联网早期的各种技术和带宽问题，当然也包括人们上网习惯的养成。

电商平台的企业，通过积累的内部数据资源，运用大数据的各种算法，能够分析出客户的消费习惯和兴趣爱好，甚至可以分析用户的情绪。通过数据结论来指导产品上下架计划，根据消费者需求反推生产计划，从而适应市场需求，打造某段时间内主导市场的产品。

近年来大数据技术的快速发展深刻改变了电商的思维方式，邹友强再次敏锐地捕捉到这个新信息，并且以自己的方式来处理营销数据：一是处理的数据从样本数据变成全部数据，二是接受数据的混杂性，三是关注数据之间的关系。面对海量的大数据，他的思维最关键的转变在于从自然思维转向智能思维，精确思维转向容错思维。绝对的精准不再是追求的主要目标，适当忽略微观层面上的精确度，允许一定程度的错误与混杂，反而使他在宏观层面拥有更好的洞察力。通过大数据技术挖掘出事物之间隐蔽的相关关系，获得更多的认知与洞见，运用这些认知与洞见就可以帮助自己捕捉现在和预测未来。

公司效益的显著提升得益于大数据技术的突破。大量的非结构化、异构化的数据能够得到储存和分析，积极服务于公司的预测分析、供应链管理、价格动态管理、客户个性化服务定制等重大战略的制订。

案例评述：电商是在互联网技术应用的基础上发展起来的，大数据是电商的中枢，它指导电商的运营方向。在互联网技术应用之前，商业数据是依靠手工登记、整理，速度慢，准确度低。自从电子信息化技术广泛应用到商业领域之后，商业数据的采集方便快捷，准确度大大提高。大数据可以为企业提供行业市场构成、细分市场特征、消费者需求和竞争者状况等众多信息，让品牌在市场定位上更准确性，甚至引导品牌前瞻性定位。

金铄电子在对大数据的认识和处理上见解独到。由分析样本数据改为分析全部数据，增强数据统计的全面性和准确性；以容错思维取代精确思维，注重宏观而不过分纠结微观；挖掘相邻数据之间隐蔽的关系，尽可能多地预测市场的未来。

商业数据看似简单，是一串数字，背后却蕴藏着各类丰富的信息，只有条分缕析，分门别类，才能从中发现端倪。要能够科学分析庞大的数据，需要借助数据分析软件。不同的行业数据需要采用相应的数据软件，比如电商行业的数据分析软件有多多情报通、数说立方、数加平台、Tableau、BDP等。

案例四　成功创业需要坚持，需要技术

公司名称：铜陵市杨氏商贸有限公司

成立时间：2013年

法人代表：杨河

经营范围：参茸花茶、保健食品、医疗器械、计生用品、洗化、电子产品、塑料包装、家纺针织、预包装食品兼散装食品批发及零售。II类医疗器械(基础外科手术器械、普通诊察器械、物理治疗及康复设备、医用卫生材料及敷料、医用高分子材料及制品)销售；I类医疗器械、日化用品、塑料制品、电子产品、家纺针织、服装、办公用品销售。

以下文字为杨河自述。

一、初入社会

1994年，我初中毕业后进入社会，先是在一家工厂做机床车工。初入社会，远离父母，当时很不适应，满腔豪情壮志在现实面前，分文不值，一年不到就辞职了。不过第一次工作让我学会了一些机械基础知识和简单焊接。当第一次被人称呼“同志”时，我突然明白自己再也不是校园里的那个“同学”了。走出这一步是我自己选择的，当时一个人很迷茫，各方面条件都有限，想再回校园是不可能了，没有方向，没有目标，也没有人教你下一步怎么走。无奈之下，我又找了一家工厂，继续做机械操作工。当一个人的思想和认知没有升级，换再多地方都一样。新的工作环境，对于当时的我，结果是一样的，一年后又辞职了。

在家人眼里，我不好好上班就是“不成器”，当时我也不知道自己应该怎么办，第一次感到孤独和挫败。父母建议我跟随堂哥去外省搞装修，目的是让我在外有人带着，不能再“放养”了。进入社会如果没人正确引导，最大的耗费就是时间流逝，自己没有成长。

就这样在外面的世界里游荡了好几年，其间又尝试了两种职业，直至1997年年底。每年过年回家，听到最多的是邻家子女的成功故事，相比之下，我依然是一无是处，要啥没啥，自尊受到了前所未有的打击。

那年春节我18岁，也是发自内心的第一次深刻检讨自己，给自己下了一个结论：为人过于情绪化，做事缺乏坚持的意志力。我似乎一下子开窍了，暗下决心一定要痛改前非，用“今天的努力”来修复“昨天的伤口”。

“哪里跌倒就从哪里爬起来。”说我“不成器”是因为我连工厂的班都上不了，于是我决定就再次从工厂上班做起，1998年春我进了铜陵一家塑料厂，一干就是8年，从学徒工到车间主任。这8年我只专注一点：为人实事求是，坚持努力工作。我知道自己在这个阶段算是“成功”了，收获了领导职位、家庭、爱人、孩子，当然还有一些我不太关注的好评。有时候人处在最底端才会特别在乎和你不相干的评价，一旦找到自己的目标和方向，根本就没有时间去在意。

成家后就意味着责任和担当。上班收入已经不能正常维持家庭生计，于是在姐姐的帮助下，我和爱人开始了人生第一次创业。

二、成功创业

2005年8月，我和爱人一起，到盐城后港镇找了两间店铺，做针织和床上用品零售业务，这是我人生的第一次创业。在姐姐的帮助和指导下，我们学习业务流程，进货渠道，销售技巧。秉记过去8年成功经验——专注和坚持，用了4年多时间，我们挣得了人生首套房的首付。我再次肯定了一个真理：成功靠正确的引导和不懈的努力！

2010年7月因孩子上学需要陪伴，我把江苏盐城店铺转让了，和爱人回到铜陵。因做了几年生意，观念有所改变，没有考虑再找工厂上班，决定再次创业。因地域不同，经过市场考察和分析，我觉得把江苏的经验和货品“复制”到铜陵市里开店不适宜，成本和销量不在一个水平，风险极大，不能立项。为了更准确地找到好项目，学徒是最好的路径。和爱人商量，我去一家药械公司做批发业务。“隔行如隔山”，在这个医药行业里，每天都离不开学习，政策法规，专业知识，行情探究，客户需求和市场变化等。我体会到这种生活节奏更符合当时的成长需要。做销售业务员具有挑战性，产生业绩就有成就感，收入也比以前可观，心里的自信逐渐增强。

三、二次创业

2013年6月，我和爱人创办了第一个属于我们自己的企业——铜陵市杨氏商贸有限公司。公司成立后就要定位如何发展。首先是企业定位：服务终端零售药店。第二是产品定位：消费者需要的产品。第三是行业规则定位：坚持职业操守，客我互利。确定了基本的经营思路，最不能缺少的就是有力执行。我和爱人的勤奋让公司业务很快走上正轨，2014年年底我公司发展的业务就几乎覆盖了整个铜陵，在当地医药行业也已小有名气。要想进一步发展，就需要人手，2015年春，公司招聘了第一批员工：会计、仓库、驾驶员、业务员。人员的增加让我产生了一种使命感：我要对他们的成长负责，他们每一个人的身后都有自己的家庭，他们和我一样，都需要成功。如何管理一个多人团队？面对新的课题和挑战，还是要从学习中找答案，企业管理是一门学科，还是那句老话，学无止境。

2015年，在团队的共同努力下，公司业绩实现了飞跃，成功收购了一家零售药店。

2016年，业绩依然很好，收购了当地医药连锁部分股份。

2017年—2020年，业务水平稳中有进，是本地唯一一家上规模的专业服务终端零售药店的批发企业。

四、经营策略

商品售后有保障。本地正规合法个体工商户，长期经营，顾客有问题反馈可以及时快速处理。

团队奋斗目标一致。每天的事情任务都能按时保质完成，或者提前超标完成，过程中少出错或者不出错。

团队每个人都意志坚强。自公司成立到现在，公司每个人都是日复一日年复一年，坚持不懈坚守岗位，风雨无阻地跑业务。

公司成员团结协作。经过长期的磨合，团队之间的工作都相互了解，假如某天有人请假缺勤，他的岗位可以有人代替，尤其是送货。

线上线下结合，提高业务效率。传统的人工跑业务全靠电动车，在市区方便灵活，受环境影响小，雨雪天气可以正常跑业务。公司的微信公众号中开通了线上小程序，较远的客户，比如池州，青阳等地客户，可以通过小程序下单，线下再配送，货少的可以通过快递邮寄。

借助大数据。自公司开张起，我在零售、批发、问卷调查等活动中搜集了所有商品的销售数据。通过对数据的整合分析，探究市场动态，适时调整公司经营策略。

开展团购模式。与医药连锁公司合作，通过朋友介绍团购合作，与小区居委会合作团购。

五、发展规划

扩大销售规模，让业务发展到更多的城市，做出自己的经营特色。

六、品牌规划

铜陵市杨氏商贸在铜陵已经小有名气，目前也在池州等城市发展起业务。在扩大业务规模的同时坚定维护好杨氏商贸的名声。2020年申请的“安徽彤寿康”商标已经批准了，下一步就是找代加工，做出属于自己的专属产品，再靠着多年的信誉去推广销售。

案例评述：铜陵市杨氏商贸有限公司是一家个体企业，经理杨河初中毕业就开始了打工生涯，年龄小，没有任何经验，完全是被动接受社会的安排。从1994年到2004年，十年时间换了六次工作，失败了重新站起来，换职业，换环境，锻炼意志，积累经验，寻找合适的工作岗位。这是一个成功的创业人士必经的阶段，不用害怕，不能气馁。

在积累了胆量、资金和社会资源后，适时进行创业，这是人生的重要一步。初次创业可能成功，也可能失败，无论什么结果都不要紧，重要的是抓住机会，敢于跨出创业这一步。杨河在第一次成功创业后决定改行进行第二次创业。有了目标就开始行动，首先学习，这个环节很重要，是确保自己不走弯路、避免事业失败的好办法。规模更大的创业，过程要复杂些，公司定位，经营策略，发展规划，品牌设计等，对一个创业者来说是很大的考验，仅凭个人能力很难做到，需要借助团队的力量。杨河有爱人的帮助，有招聘来的员工的参与，还有就是利用网络大数据。

杨河的公司又有了新的计划：一是向市外扩展，建立连锁店；二是筹划自己的专属产品。这是公司的一次转型升级，从经验、资金、客户资源、市场影响力方面看，转型升级的基础已经具备。但是，向市外扩展业务，建立市外连锁，它的管理模式是与单开一店是不同的，建议首先要学习取经，要进行市场调研。做专属产品重要的是质量与价格，再一个就是推广问题。笔者认为，凭借公司的既有信誉，新产品的上市前景应该可观的。

案例五　智能化数字化技术助力生态农业产业

童云，安徽省铜陵市枞阳县人，农业种养殖业主，新型职业农民。

童云中专学历，毕业后在当地农机部门工作，后辞职经商。在南下闯荡时期，他不仅赚了一笔可观的资金，更重要的是他萌发了独自创业的想法。2006 年中央一号文件提出新型农民的标准："有文化、懂技术、会经营。"他灵敏地捕捉到了乡村创业的机会，毅然回到家乡。他能自觉接受现代生产和生活理念，主动学习现代生产技术，这是成为现代新型农民的前提。现在，他所从事的种植业有粮食作物（水稻，小麦）、油料作物（油菜，花生，芝麻）、经济作物（棉花，葡萄），养殖业有家畜（生猪）、家禽（肉鸡蛋鸡，肉鸭蛋鸭，鹅）、淡水养殖（池塘养鱼，网箱养龙虾，稻田养鱼），规模经营 800 亩农田，畜禽养殖业 1000 头（羽）以上。

童云祖辈父辈都是农民，生活的地方有农业种植养殖独特的优势。

他承包的农田杨湾大圩又称万亩圩，农田连片，地势平坦，中间沟渠与道路呈“井”字，交通运输方便，灌溉排水设施齐全，土壤肥沃，深度适中。万亩圩中间的沟渠不仅可用作灌溉排水，也是水产和畜禽养殖的好地方。万亩圩南端有一大片淡水水域，是天然养殖的好地区，盛产优质鱼虾。

近年来，农村里的青壮年农民基本上都进城务工，留下来的劳力只有老年和部分青年妇女，无法承担起种植养殖的重担。再者，农业种植成本较高，小规模的种植既耽误时间，又无法获得较高的收益。因此，农村土地撂荒现象非常严重。谁来种地？怎样种地？是农村面临的重要问题。

童云经过调研分析，决定从分散的农户手里租种闲置的田地，进行规模化种植。由于田地平整，适宜大型机械化耕作，从平整、播种、除草、治虫到收割，都是机械化运作。水稻生产机械化包括水田耕作、水稻种植、田间管理、水稻收获和稻谷干燥五大环节。近年来，治虫利用无人机作业，现代化技术大大增强了收成的稳定性。数字化、信息化和智能化聚合下的现代农机技术越来越发挥着不可替代的作用，成为现代农机管理与科技农业的驱动力。

我国目前主要农作物耕种收综合机械化水平已经超过了61%，农业科技综合贡献率超过56%，从产前、产中到产后，从播种、管理到收获，农业机械在农业生产中发挥着越来越重要的作用，“机器换人”正在逐渐成为现实，越来越多以“泥腿子”为标志的农民将会过上“十指不沾泥”的生活。农用机器人必须智能，只有这样它们才能在松散、动态、不友好的农业环境中稳定地运行。

童云的农业产业链正在延伸。利用国家发展农村电商的机会，他还投资农产品加工业和农村服务业，推进生产、加工、物流、营销等一体化发展。

发展“智慧农业”。除实现规模种植外，童云还着手开拓设施园艺、规模养殖、物联网试验基地。经济作物、畜禽水产养殖已经搬上了互联网，他还将特色品种通过网络推介给感兴趣的人，发展异地客户。通过产品浏览和订单数据分析，适时调整种植养殖项目。在大田种植和设施园艺领域，他有更高的设想：集成应用智能感知、分析、控制等技术和装备，引进、消化、创新水肥一体化、自动喷滴灌、自动采摘等自动化、智能化系统和数字设备。在畜禽养殖基地和场区，他准备集成应用二维码等技术和装备，引进通风温控、精准上料、粪污处理等数字化系统和装备，实现畜禽养殖环境智能监控和精准饲喂。在水产养殖基地，他打算集成应用人工智能、物联网等技术和装备，引进水体环境实时监控、自动精准投喂、网箱自动控制等智能化系统和装备，实现水产养殖测控精准化和管理智能化。

兴办家庭农场。在瓜果种植区域实行顾客自助采摘，在淡水鱼养殖中心设置休闲垂钓中心，在家禽养殖区域设立本土特色家禽自由选购中心。家庭农场所有项目均接受网上订单。

实行多元化的营销模式。农场直供模式，直接由农场对接家庭，省去了许多中间环节，有效地拉近了买方与卖方之间的联系。这种模式一方面解决了农产品滞销问题，另一方面从源头上为居民提供了健康、安全、绿色的餐饮保障。消费者定制模式，根据消费者的个性需求，接受消费者的个性定制，生产者进行生产制作，能够产生很高的消费溢价。

下一步计划发展乡村文化旅游产品。人们对于美好生活的向往已经由物质方面的追求更多地转向精神方面的需求。针对这一转变，主要可以开展的创业类型有稻田观光、水上荷塘观光、农业生产观光。

童云的农业产业发展步伐越来越现代化。他计划扩大种植养殖规模，建设农业物联网服务中心，充分运用物联网技术，设立智慧农业监控室，实现稻米等农作物高度智能化生产。

通过将能够监测病虫害、田间水位、水质、视频的传感器及摄像头安置于田间地头组成监控网络，实现全方位、多维度采集园内稻田的各类信息和实时视频图像传送，实现对稻田“四情”即苗情、墒情、病虫情、灾情的实时监控。通过智慧农业监控室，不仅可以观看到800亩稻田实景，稻田里的水位、含氧量、水温等指数一目了然，还实现了对稻米收获、运输等信息的汇集、传输、分析、决策等，实现对水稻生产全程监控（包含自动化监测、精准化作业、数字化管理、智能化决策、信息化服务）和田间远程管理控制。

他还计划建设农业产业园区，构建“稻米观光+稻米体验+稻米加工+稻米品鉴+稻米营销”的四季全产业链开发体系，打造菜子湖稻米农业旅游品牌，促进多产业深度融合。

案例评述：投资农业农村产业建设是符合我国经济发展路线的。当前，我国正全面实施农业农村振兴计划，在干部选派、村容村貌、产业创建、现代农业、金融扶持等方面，国家各级政府全力支持。已经连续多年实行的选调生制度，就是为建设新农村输送规划设计人、科技指导人、产业带头人。大学毕业生到农村去发展肯定能创立一大片新天地。

童云是20世纪90年代的中专生，在那时算是高学历。那个年代的农村学生初中毕业首选考中技（中等技术学校），毕业包分配，吃铁饭碗是农村人的最大愿望。童云毕业后被分配在县里的农机部门。稳定的工作，安逸的生活，让无数的农村人羡慕不已。90年代，在辞职下海经商大潮的影响下，他也辞去了稳定的工作，去南方闯荡了六年。这六年的打工生涯对他后来的创业非常有价值，积累了一笔可观的创业资金，开阔了眼界，更新了生活理念，壮大了创业的胆量。所以，创业之前考察学习是不可少的，资本积累也很重要。

童云还有一点值得创业者学习的地方是关注国家政策动向。2006年中央一号文件提出新型农民的标准，童云敏锐地感觉到国家在建设农村方面将有大动作，而且，农村的许多年轻人纷纷外出打工，肯定有大量的田地闲置抛荒，做一个农业种植业主的机会即将到来。

承包800亩农田搞水稻种植，连片的农田适宜机械化作业。河汊沟湖利用起来搞养殖，种植养殖可以互补。这些都是童云创业初期的正确设想。创业初期不适宜大规模开展业务，以熟悉业务、熟悉市场、积累经营为主，到了各方面条件成熟的时候再扩大规模。规模化生产是创业者立足市场的重要条件，它可以通过量和价的优势领先市场。

产业的不断升级为童云的农业种植持续注入强劲动力。第一次升级使水稻种植由肩扛手抬的纯人力转向机械化，效率提高不少。第二次升级是在种植养殖数据监测、产品销售等环节运用智能化、数据化技术，延伸产业链。

案例六　数字化技术与中国传统文化的传承与创新

工作室名称：苏州吴门雅堂设计工作室

创办时间：2012年

室主：吴问斌

经营项目：平面设计，工艺雕刻艺术品设计，文化创意产品设计，教育培训

工作室是一种专业化、兴趣化、个性化、品牌化的新产业方式。因为门槛低、易操作，工作室的形式被很多创业者所接受。没有深厚的背景、没有雄厚的资金，也没有什么高新科技核心技术，但是大多数人有专业技能和聪明头脑。

工作室本着“以人为本，客户至上”的原则为顾客提供精细的服务。工作室的人员具有较高的文化素质和艺术设计创作能力，熟练设计专长和工艺制作技能，是创作设计方面的高技术应用型人才。

吴门雅堂设计工作室开始创办时有员工3人，年营业额约40万。经过6年发展，现有员工8人，年营业额约200万元。工作室追求“鬼之艺，匠之气”的精神，采取创意与传统相结合的手法，从现代人的欣赏视角，在题材、制作材料、色彩等方面仔细斟酌推出产品。

一、根据文化产业发展的内涵确立产品设计理念

文化产业投资少，见效快且丰厚，很少会留下环境污染问题。而所谓创意产业，是指那些从个人的创造力、技能和天分中获取发展动力的企业，为社会公众提供文化、娱乐产品和服务，以及与这些活动有关联的活动的集合。吴门雅堂设计工作室在文化创意方面做足功夫，服务范围包括提供文化产品、文化传播和文化休闲娱乐活动，以及有直接关联的用品、设备的生产和销售、相关文化产品的生产和销售活动。工作室以文化为经营内容，文化传承中孕育着产业，它们二者密切相关，文化借助创业传播，创业借助文化发展。

确定品牌设计理念。文化既是产业又是事业，它具有公共服务和商业赢利的双重特性。因为文化会改变人的思维和行为方式，从而改变人们的生活。吴门雅堂设计工作室充分尊重文化的社会属性地位，在投资文化产业时把社会效益放在首位，在赢利的同时向世人奉献出高质量的、具有积极意义的文化产品。

以艺术引领设计。当代艺术不嫌弃传统，“本土化”不是传统民间艺术与西方艺术取向的简单叠加，也不是当代形式加古典传说的“民族艺术”。本土化创作过程中要立足当代消费者的审美取向，把东方的文化传统、精神，以现代语言加以传播。设计师的思维和匠人的手艺在这里完美融合，从“创造性转化”方向探究民族文化保护、传承与经济融合发展之路。

创意的实施和战略意图的实现更需要动力。创新设计可赋予产品和服务更丰富的物质、心理和文化内涵，通过创意设计、集成创新，创造新的产品、工艺、服务和系统解决方案，满足和引领市场和社会需求。

二、将个人的爱好特长与当地的文化特色融合起来

2014年，苏州加入联合国教科文组织创意城市网络，成为“手工艺与民间艺术之都”。联合国教科文组织创意城市网络，旨在通过与成员城市文化发展展开经验交流，达到在全球化环境下倡导和维护文化多样性

的目标。历史文化名城苏州，是中国最重要的民间手工艺中心之一。这里手工艺历史悠久，门类众多，在全国工艺美术11大类中，苏州就拥有10大类共3000余个品种，很多项目在全国乃至世界享有盛誉。苏州将通过多项措施推动手工艺和文化创意产业的发展，其中包括设立“创意城市网络”建设运行专项资金，专门用于扶持手工艺与民间艺术以及文化创意产业的发展，吸引社会资本参与建设运行，加大创意人才队伍建设和培养力度，重点通过多种方式吸引具有国际化视野的高端创意人才和国内外享有较高知名度的创意人才。吴问斌曾师从国内著名的书画泥塑大师，在书画、泥塑方面有很好的修养。吴文斌的特长与苏州的文化背景高度契合。

三、集教育培训、用户体验与旅游一体

艺术需要弘扬。吴门雅堂设计工作室积极进行社会交流，扩大书画与泥塑的欣赏与学习面。工作室接受个人和团体组织的邀约，既可以走出去做宣传指导，举办讲座，参加展览，也可以接纳爱好者来工作室实地参观、体验。最具特色的交流就是艺术体验式的欣赏学习。为了增强体验效果，工作室新规划体验场地，按照体验项目划分场地并予以特色布置，如书画体验场地配备临摹碑帖、笔墨纸砚，泥塑体验场地准备必要的材料工具如黏土、泥工板、湿布、竹刀、牙签、火柴等，雕刻体验场地配备有刻刀、刻石、印泥等，平面设计体验场地配备画板、画架、颜料等。除了突出主题之外，体验场地增设古琴视听室、自助烧烤、迷宫探寻等项目，在娱乐中学习，在学习中收获休闲的乐趣。

四、数字化技术在设计中的应用

传统的平面设计中，设计者通过手工调配色彩进行创作，形象感有限，突出重点内容的方式很少。工作室近年来利用数字化技术辅助平面设计，突出重点内容的方式呈现多样化，不仅色彩突破了以往的24色，有成千上万的色彩可选，就连字体、符号等细小的内容都变得丰富起来，内容更加立体化，使设计的个性化也变得更加容易。

泥塑设计逐渐应用计算机和数字技术。数字技术让造型、色彩图案的选择更加丰富多样，三维动画演示便于直观体验。

案例评述：文化搭台，经济唱戏。文化创意的价值很多，可以满足人们的精神需求，提高人们的艺术品位，愉悦人们的心情，弘扬传统文化，促进与物质文化的交流，带动经济的发展。

吴门雅堂设计工作室着眼于发掘民间优秀文化，传播中国传统文化。工作室业务主要有书法绘画、工艺雕刻、泥塑盆栽、装裱布展等。能做这样业务的人必须经过专业训练，拥有相当的专业技能。吴问斌毕业于大学艺术设计专业，在工作中专门拜请大师指点，具备了专业素养。而笔者认为还有一点，就是他对中国传统文化的热爱，对民间文化有浓度兴趣。

吴问斌是80后，出身于农村，对民风民俗有深厚的感情，这是他作品创作的源泉。工作以后，他仍然深入农村采风，搜集带有浓厚民俗的物品，不断丰富创作素材。这一点是创业者要重视的，就是深入基层，做好调研。

对搜集的原始材料进行加工，把无趣的材料变成形象的艺术产品，完成这一步创造，需要凭借创作者的艺术才能。大学的专业知识，大师的精妙指点，工作中的实践经验，都是创作一件精美艺术品不可缺少的。笔者认为，利用现代科技辅助艺术设计，更能突出重点，增强作品的感染力，比如，吴问斌运用数字技术进行色彩选配，运用三维动画设计作品。

对文化的传承，吴问斌还有一点做得很好，就是走出去、请进来。"走出去"是说他出外讲学、做报告、办展览，让更多的人知道传统文化就在身边，引领人们欣赏司空见惯的物品的美丽，同时扩大工作室的知名度。"请进来"是接受来工作室参观、学习、交流的各界人士，让他们近距离体验工作室的艺术创造生活。除了让参观者实地练习书画雕刻泥塑弹奏之外，为了增强参观者的体验乐趣，吴问斌增设了一些高雅而有趣味的项目，比如走迷宫、自助烧烤、攀岩、采摘等。这些项目带有浓厚的田园色彩，让客户有回归自然、清净心地之感。

吴问斌的工作室办在苏州，选择了一个非常有文化底蕴的地方。通过对传统文化的挖掘与整理，既传承了民族精髓，又使自己的特长得到了最大限度的展示，同时获得丰厚的经济收入。投资文化产业，也是一条非常好的创业途径。

案例七　“三步走”战略，企业逐渐走向智能化信息化

公司名称：上海和为贵建筑装饰设计工程有限公司

成立时间：2003 年

法人代表：汪首权

经营项目：装饰装潢、室内设计施工

公司创始人汪首权，1993 年从农村初中学毕业后就走上社会，开始了独立创业的道路。他先是贩卖小商品做小生意，后在建筑工地打零工，五年多的小打小闹既没有挣到多少钱，还觉得生活过得很贫乏无味，于是他去了厦门，跟着哥哥在建筑工地做钢筋活。随着业务的熟练和人脉资源的积累，他开始独立经营建筑工地钢筋生意，组建了一个 8 人业务队，除承包哥哥工地所需的钢筋业务外，还对外揽活。在接下来六年的时间里面，他不仅熟练了钢筋业务，而且开始对建筑装饰设计感兴趣，于是决定事业转型，开始进军新的行业——建筑装饰业。

一个良好的创业项目应该涵盖两点：有创造价值，有市场潜力。在这个时候选择进军建筑装饰领域，他确实是把握住了国家政策变化的趋势。20 世纪 90 年代初，国家改革开放进一步扩大，选择了沿海部分城市进行试点，“下海”大潮开始涌动，大家纷纷去广州、深圳、厦门等地“淘金”。突然到来的庞大人群产生了对住房的巨大需求，建筑装饰行业也是供不应求，尤其是需要大量的装饰公司负责室内外设计、施工的整

套业务。所以，事业转型的机遇之一来自国家新的政策出台，需要创业者有敏锐的观察力、超前的思维力、敢闯的魄力。

在涉足新的行业之初，需要做很多方面的调研，比如行业的社会需求是什么？个人能力居于什么地位？个人优势是什么？劣势是什么？有哪些资源可以利用？未来目标是什么？如何组建团队？公司组建之后要稳步发展，需要不断提高管理技术。在完成上海和为贵建筑装饰设计工程有限公司的注册登记流程之后，汪首权着手对公司进行规划管理。

一、开展战略规划

战略是一个企业根据其所处的特定情形而选择的一系列行动，战略规划布局犹如企业灵魂，企业通过战略规划进行资源调配、生产和人员安排。公司发展在不同的阶段都有不同的目标，但无论是什么阶段，都应围绕公司的主要项目进行战略规划，制定明确的战略目标。

上海和为贵建筑装饰设计工程有限公司的战略规划分三步走：第一步，用两到三年时间使公司在厦门站稳脚跟，取得客户信任，实现利润正增长。第二步，用五到六年的时间，对公司员工进行现代企业理念教育和现代技术应用培训，引入现代装饰设计理念，实现公司利润翻一番。第三步，用八到十年的时间，对设计、施工硬软件实现智能化数字化升级，适度扩大企业规模，择机向市外或省外建立分公司。

公司的"三步走"战略，呈阶梯式发展。第一步是"稳"，站稳脚跟，为下一步发展打好基础；第二步是"壮"，做实企业，发展力量，壮大自己；第三步是"强"，通过智能化和数字化的技术应用，使企业立于现代装饰行业的潮头。"三步走"的每一步都是一次转型升级，第三步的智能化数字化升级是最高级别的，是企业壮大发展的必然步骤。

行业数字化建设要从企业战略出发，通过小规模的应用，不断完善企业整体数字化支撑平台，进而实现全过程管理数据化。数字化可以让传统的装饰企业实现革命性变革。

二、转换自身角色

企业主及时转换角色对企业成功转型非常重要。汪首权虽然有一定的工作经验，但以前也不是从事建筑装饰行业的，况且以前只是一般员工，听从别人指派就行，无须具有领导才能。现在他是公司的最高领导，首要的是领导力，在选人、用人、财务、营销等企业运营的各个环节上必须有前瞻、决策能力，即使自己对某个环节流程不熟悉也没有关系，重要的是要让自己由一个被领导的普通员工，转换成指挥员工的领导者。

另外，面对现代技术的快速广泛应用，他不能再做一个现代技术的门外汉，需要加强学习，充实现代技术知识，让自己从一个传统的“包工头”转变为掌握现代技术的企业家。

三、组建运营团队

一支好的创业团队是企业快速成长的潜力因素。团队企业需要什么样特质的人才，团队中缺少哪方面的人才，哪些人才需要从外部市场获得，哪些人才可以由公司直接培养，如何处理创业团队成员之间分工合作等，这些都是公司组建团队初期需要考虑的。汪首权组建的团队年轻化程度高，重点吸纳了设计、计算机、大数据、人工智能等方面的专业人才，这样才能让现代知识与技术成为企业转型升级的保障。

四、现代技术支撑设计施工

公司成立于2003年，至2021年已有18年，现在正处于发展的第三步。随着市场的发展，企业对信息化的重视程度越来越高，管理逐步走向信息化、年轻化、标准化、专业化。搭建数字化平台，实现工人管理、企业生产、产品发布、接单发货等流程的数字化控制，才能打造企业自己的智慧生态模式。

汪首权的企业引入装饰云平台，集计量、广告、建模为一体，快速形成三维模型，支持输出效果图、全景图，能智能地对接VR及3D设备，降低了设计师沟通以及方案修改的成本。三维模型还可以动态展示施工节点，对于物料采购以及施工起到指导监督作用。这个平台把设计、预算、施工等各岗位数据打通，真正实现了各岗位间的协同，帮助企业设计更轻松、成本更精准、施工更高效。

案例评述：汪首权是地道的“草根族”创业者。他从最苦最累且挣不了大钱的活干起，锻炼了奋斗的意志，学到了建筑方面的知识。在这个过程中，他对建筑装饰发生了兴趣，这是他日后从事建筑装饰的重要原因，所以，兴趣是创业的引导者。

在创业之前，汪首权进行了认真的分析，主要是分析个人各方面的优势和劣势，分析市场前景，理性看待自己和市场。投资前的分析调研，对任何一个创业者来说都是不可回避的，并且要把它做仔细。

和为贵建筑装饰设计工程有限公司发展思路明确，分三步走，每一步者重点突出。三步走呈阶梯式，由“稳”到“壮”到“强”，一步步把企业引向更高的位置。战略构想是企业的发展方向，要明确，要实在，要有前瞻性。

善于组建团队，合理使用团队，人尽其才，是一个公司健康发展的重要保障。汪首权对现代装饰设计不太在行，但他善于组建团队，专业化、年轻化的团队帮助公司快速占领市场。现代企业的团队队员要有各方面的人才，既有经验型的，也有科技型的，特别是建筑装饰行业，这两种人才都需要。

现代技术在建筑装饰领域里的作用非常大。现代的建筑设计风格异彩纷呈，客户的喜好各式各样，若要满足市场需要，唯有借助现代技术。信息化、数字化技术在市场信息搜集、施工图纸设计方面可以大显身手。汪首权的公司在这方面做得很多，起步早，步伐快。

参考文献

[1]彼得·杜拉克.创新与企业家精神[M].彭志华,译.海口:海南出版社,2007.

[2]薄赋徭,刘晓燕.创业实训[M].北京:中国劳动社会保障出版社,2016.

[3]马广水.创新创业基础[M].北京:高等教育出版社,2016.

[4]黄海荣.大学生创新创业教育指导[M].上海:上海交通大学出版社,2016.

[5]雷家骕,葛建新,王华书,等.创新创业管理学导论[M].北京:清华大学出版社,2014.

[6]彭婷婷.当小微企业入局智能化痛点何在[J].中国商界,2018(10):64-67.

[7]孙琪恒,董海涛,关明坤.小微企业存在的问题及发展对策研究[J].长春师范学院学报(自然科学版),2014(02):196-198.

[8]张汝山.创新与创业思维[M].北京:国家行政学院出版社,2017.

[9]张秀娥.创业管理[M].北京:清华大学出版社,2017.

后 记

研究小微企业转型升级，起源于四年前的一次厦门之旅。那年暑假，我与2010届部分学生一起相约去厦门旅游。他们中的大部分是小微企业主，时间最长的经营了二十年左右，有的上了规模，资产可观，但也有的企业始终不温不火的。其间，我感觉到他们对自己的企业经营都不是很满意，觉得企业越做越难，特别是对如何提升企业的成长度感到很茫然。

回来后，从企业运营要素方面，我制作了100份问卷调查表，发放给他们，并且通过同事和亲戚，发放给其他的小微企业主，向他们了解小微企业的经营项目、主要经营方式、企业规模、创建时间、企业优势和劣势、面临的困难、愿望和目标等信息，特别是企业现阶段在信息化和智能化应用方面的应用情况，取得了第一手宝贵的资料。我的就业创业教学课程，经常涉及国家发展小微企业的政策法规，因此，对如何创业、如何升级企业有过系统的研究。问卷调查表统计数据，真实地反映出小微企业发展困境的方方面面，而化解困境的最佳办法就是对企业进行信息化智能化升级。

企业信息化智能化升级是一项复杂的工程，关系到资金、技术、人才、政策、项目、生产、管理、营销等，企业的前景如何？是转行还是升级？怎么升级？要把这些环节都妥善处理好，需要有科学理论做指导。

大学生创业渐成趋势，起步小微企业是他们的首选。对于这样一个繁杂的工作，刚出校门的他们想把工作都捋顺也不是一件容易的事。况且，起点就不能落后，智能化信息化技术应该成为他们着手创业的第一标配。

本书读者对象主要是小微企业的从业者、大学生及其他有创业意向的人士、小微企业研究者、对智能化信息化技术应用感兴趣的读者，适用人群广泛。

在写作过程中，笔者参阅了国内外有关文献，引用了一些研究成果，其中大部分文献和研究成果已在书后“参考文献”中列出，在此表达诚挚的感谢！本书的出版得到了安徽机电职业技术学院领导和同事的大力支持，也得到了安徽师范大学出版社的诸多帮助，在此深表谢意。

由于作者水平有限，书中或有表述不妥、资料数据不足之处，敬请社会读者批评指正，以便修订。

房丽华

二〇二一年十一月二十日